Plattensee

Ferdinand Fischer

Reisen mit Erlebnis-Garantie

MERIAN-TopTen
Was Sie unbedingt sehen sollten

MERIAN-Tipps
Persönliche Empfehlungen unserer Autoren

MERIAN-Bewertung

MMM Nicht zu übertreffen
MM Herausragend
M Sehr gut

Für Familien
Für Eltern mit Kindern besonders geeignet

---

65 km ss127 **Tourenplaner**
Damit Sie leichter ans Ziel kommen

Titelbild
← Thermalbad Heviz
(R. Schmid/Bildagentur Huber)

Siófok Musikpavillon im Park am Alten Bahnhof: Erinnerung an feurige Csárdás.

Karten und Pläne

Die Buchstaben-Zahlen-Kombinationen im Text verweisen auf die Planquadrate der Karten.

»Meer« der Magyaren. Und was umschreibt Ungarn besser als die sieben großen »P«? – Puszta, Paprika, Pálinka, Pferdehirten, Piroschka, Puskás und eben Plattensee.

Hafen in Balatonfüred: Idealer Ausgangsort für lange Segeltörns über das »Pannonische Meer der Magyaren« (→ S. 47).

In der Landessprache wird der Plattensee »Balaton« genannt. Neben dem Oberland (Kisalföld) im Norden Ungarns und der großen Tiefebene (Alföld) im Süden und Südosten ist es Transdanubien, auch Pannonien genannt, das die Landschaft südlich und westlich der Donau einnimmt, sozusagen »rund um den Plattensee«.

Der See ist – nach Erdzeitaltern gemessen erst »gestern« – durch einen jungen Grabenbruch vor 22 000 Jahren (am Ende des Pleistozäns bzw. zu Anfang des Holozäns) entstanden. Zuvor war er noch größer und tiefer. An den Steilufern sind in bis zu 70 Metern Höhe über der Wasserfläche noch alte Küstenlinien erkennbar. Der See wird gespeist vom Fluss Zala, von kleineren Bächen, Quellen und Regenwasser; durch den kanalisierten Sió wird sein Wasser zur Donau abgeleitet.

Nach dem Erdzeitalter ein junger See

Die Zahlenangaben für seine heutige Größe schwanken je nach Herkunft, aber bei einer Wasserfläche von etwa 593 Quadratkilometern soll man sich nicht um wenige Quadratkilometer streiten. 78 Kilometer misst der See in der Länge von Fenékpuszta bis Balatonakarattya und durchschnittlich zwei bis drei Meter in der Tiefe. Nur bei der Halbinsel Tihany erreicht die Wassertiefe immerhin 12 Meter. An dieser Stelle hat der Plattensee nur eine Breite von 1,5 Kilometern, während er sich zwischen Siófok und Alsóörs bis zu 12 Kilometer, im Osten sogar bis zu 15 Kilometer ausbreitet. In der Umgebung entdeckt man Pappelhaine, zauberhafte alte Kirchen, Abteien, Hotels und Tavernen – eine Region wie geschaffen zum Urlaubmachen! Ein Land und sein Volk, »ein Exotikum zwischen Slawen und Germanen«, warten auf ihre Entdeckung.

Im Norden wird der größte Süßwassersee Mitteleuropas vom Bakony-Gebirge begrenzt, das in Südwest-Nordost-Richtung verläuft und dessen Basaltgestein nah an den See heranreicht. Um es gleich zu sagen: Hier liegen auch die hübscheren Orte und die angenehmeren Strände.

Hübsche Orte am Nordufer und warmes Wasser

Das Südufer fassen sanftere Hügel der Komitate (Verwaltungsgebiete) Somogy und Zala ein. Vom Grund des Sees steigen unentwegt Quellen auf, reinigen das seichte Wasser, das weich und leicht alkalisch ist und sich im Sommer rasch auf 20 bis 26 Grad Celsius erwärmt. Die Badefreuden können also schon im Mai beginnen und sich bis in einen warmen Spätherbst fortsetzen. Das Wasser ist lauwarm, man kann sich stundenlang erfrischen, ohne sich zu erkälten.

Überhaupt das Wasser – je nach der Farbe des Himmels, der Stärke des Windes und dem Zug der Wolken schimmert die Oberfläche von Opalgrau bis Hellgrün. Zeigt sich an schönen Som-

Oben: In der barocken Pfarrkirche von Sümeg versteckt sich eine der wertvollsten Barockmalereien – Fresken von Franz Anton Maulbertsch aus den Jahren 1757/58.

Mitte: Die Halbinsel Tihany mit den malerischen Höhenzügen, gesäumt von Blumeneschen und Flaumeichen, ist ein Muss für Freunde der Natur, Architektur und Kirchenkunst.

Unten: Kleine und große Fähren garantieren eine schnelle Überfahrt vom Nord- zum Südufer und umgekehrt, um die lange Umrundung des Sees zu ersparen.

mertagen das Wasser noch glatt und blau, so können sich bei aufkommendem Wind binnen kurzer Zeit Wellen auftürmen. Der sonst so ruhige, ja fast träge plätschernde Balaton wird dann unberechenbar. Sturmmeldungen sollte man also ernst nehmen.

Beobachtet man in Földvàr ein von Westen her aufziehendes Gewitter, verfinstert sich schon eine halbe Stunde später der Himmel über Keszthely, wogt unten das Wasser grimmig grün und eisengrau. Gegenüber schimmert die Landschaft der Halbinsel Tihany unter dem erst vor Augenblicken des Sonnenscheins beraubten Himmel, der das Wasser kristallblau färbte. Im Osten flimmert aber der Balaton noch im strahlenden Sonnenglanz; die riesige Wasserfläche schickt einen goldenen Widerschein zum makellosen Sommerhimmel empor:

Faszinierendes Farbspiel von Eisengrau bis Kristallblau

ein Schauspiel, das man an diesem Binnensee mit einem einzigen Rundblick einfangen kann.

Besonders im Frühjahr – im April, Mai oder Juni – oder ab Ende September, wenn das pralle Leben wie die Wellen langsam verebbt ist, schillert der Balaton inmitten dieser abwechslungsreichen Landschaft Pannoniens wie ein Edelstein. Angler werfen dann geduldig ihre Schnüre aus, Boote dümpeln still an den Stegen.

Das »Pannonische Meer« im Land jenseits der Donau (Transdanubien) könnte Ihre Freundschaft zu dem Land zwischen Donau und Puszta begründen!

Unter den 10 Millionen im Land lebenden Ungarn und jenen fünf Millionen, die aus vielerlei Gründen überall auf der Welt verstreut leben, finden sich seit eh und je zahlreiche kluge Köpfe: Da ist der Nobelpreisträger Dénes Gábor (Holografie) oder der Regis-

Kluge Köpfe aus Kunst und Kultur

seur und Oskar-Preisträger István Szabó (Mephisto). Das Vitamin C hat Albert Szent-Györgi entdeckt und dafür den Nobelpreis erhalten. Das Phosphorstreichholz wurde von János Irinyi entdeckt, den ersten Elektromotor baute Ànyos Jedlik und den Kugelschreiber hinterließ uns eifrigen Schreibern László József Biró. Die Wasserturbine und die Elektrolokomotive mit Phasenwechsler waren ebenso Einfälle kluger Ungarn wie die Klänge der Werke von Béla Bartók, Franz Liszt oder Imre (Emmerich) Kálmán. Und in diesen Reigen gehören auch die Schriftsteller wie Mór Jókai (historische Romane) und Sándor Márai (*Die Glut*).

Kamen vor 1990 hauptsächlich ostdeutsche Touristen, so sind es jetzt mehr und mehr Gäste aus

Erinnerung an Graf György Festetics vor dem einstigen Stammschloss in Keszthely mit den 101 Zimmern. Er gründete 1797 mit dem Georgikon die erste landwirtschaftliche Fachschule Europas.

FESTETICS GYÖRGY
GRÓF

Europäische Touristen und das Preisniveau

dem Westen, die dem Plattensee einen Besuch abstatten, auch Holländer, Engländer, Franzosen; dazu stoßen Urlauber aus den südlich angrenzenden Balkanländern.

Auch Grundstücke und Häuser sind bei Mitteleuropäern jetzt kurz vor der Aufnahme Ungarns in die Europäische Union sehr begehrt und haben mancherorts schon zur Bildung multikultureller Kolonien an den Küsten des Balaton geführt. Nur: Die Preise, einst sehr niedrig, beginnen zu klettern. Das ehemals nach Devisen hungernde Ostblockland hat sich in den größeren Orten dem deutschen, dem mitteleuropäischen Preisniveau angeglichen, nur in abgelegenen Gasthöfen oder einer versteckten Csárda kann man noch preisgünstig einkehren.

Geschichte und Geografie

Ein gutmütiger und zäher Menschenschlag bewohnt diesen Landstrich, ein Volk mit mildem Lächeln. Wie bei allen Neuankömmlingen in Europa steht auch vor dem Bericht über die ungarische Geschichte ein Kapitel über die Römer: Gräber, Ruinen geben Kunde davon, Städte wurden über Resten von Siedlungen gebaut. Auf Schritt und Tritt kann man sich nach antiken Funden bücken: Dutzende von Steinäxten zum Beispiel, die Bauern verwendeten sie als Schleifsteine.

Pannonien war ein einziger Obstgarten. Jahrhunderte später, obwohl gerade die Zeit der Weinlese und der Ernte war, musste ein Heer auf dem Durchmarsch durch eine Proviantlieferung aus Wien vor dem Hungertod gerettet werden. Von diesem Tiefpunkt aus hat das Land nach der Verwüstung durch die Türken das Leben neu begonnen. Ein neuer Obstgarten wuchs auf dieser fruchtbaren Erde: Weintrauben, Nüsse, Feigen, Aprikosen, Kastanien. Ebenso großzügig brachte diese von Menschen gestaltete, von Göttern geliebte Erde große Geister hervor: Nahe Keszthely wurde der Gotenkönig Theoderich der Große geboren und in Szombathely der aus Barmherzigkeit seinen Mantel teilende heilige Martin. Emmerich Kálmán, der Operettenkönig, schrieb seine schmelzenden oder feurigen Melodien in Siófok.

! MERIAN-Lesetipp

Mór Jókai oder – wie der Name in der Landessprache umgestellt wird – der Jókai Mór hat in seinen Romanen Land und Leute treffend beschrieben. Zur Einstimmung seien unbedingt seine Werke **Ein Goldmensch** (Geschichte des Kaufmanns Timár), **Ein ungarischer Nabob** (das Ungarn der Jahre 1820/30), **Die letzten Tage der Janitscharen** (Ali Pascha, 1820), **Zoltán Kárpáthy** (das Reformzeitalter), aber auch von Géza Gárdonyis **Sterne von Eger** (Kampf gegen die türkische Invasion) empfohlen (ggf. nur in Büchereien oder über Fernleihe erhältlich).

Offenbar ist eine Rundreise um den Balaton nicht nur ein touristisches Unterfangen, sondern der Wunschtraum aller Ungarn über Generationen hinweg. Waren es noch vor gut einem Jahrzehnt das Fahrrad oder das Moped, so ist es heute das Auto, das in den Sommermonaten – vor allem am Sonntag – das Volk der Magyaren

Reiselustige Ungarn bleiben lieber im Land

an den See befördert. Dann scheinen die in alle Himmelsrichtungen landeinwärts gelegenen Orte geradezu menschenleer zu sein. Dem »Ungarischen Meer« gilt die große Liebe des Volkes in einem Maße, wie sie wohl kaum ein anderes Meer sein Eigen nennen kann. Am Balaton sitzen, auf das Wasser blicken, auf der gegenüberliegenden Seite kein Land zu sehen – das bedeutet für Ungarn Begegnung mit dem Unendlichen.

Das wechselnde Farbspiel des Pannonischen Meeres, der blaue Himmel, die weiten Wiesen mit ihrem Grün, durchsetzt von dem tiefen Rot des Mohns, dem Blau der Kornblumen und dem Weiß der wilden Kamille – diesen Zauber einer großen Farbpalette können nur die besten Künstler in Worte, auf die Leinwand oder in Noten bannen. János Vajda hat es in seinem Gedicht *Schilfsee* oder Zoltán Jékely in der *Balatoner Elegie* ebenso erreicht wie József Egry in seinem Bild *Sonnenaufgang* oder eben Imre Kálmán mit ebenso schwungvollen wie wehmütigen Melodien in seiner unvergesslichen *Csárdasfürstin*. Diesen Künstlern stehen andere nicht nach, ob die Maler József Halápy, József Csáki-Maronyák oder der Komponist Béla Bartók.

Ungarn und Wein, Wein und Ungarn – ein nicht zu trennendes, unverwechselbares Kennzeichen.

Tradition hat der Tourismus

am Plattensee nicht erst seit den Zeiten des »real existierenden Sozialismus« – er reicht zurück bis in die Zeit vor Hugo Hartungs Erinnerungsbuch.

Am Ufer des Balaton liegt das Hotel Hullam, 1892 erbaut – kein Betonklotz, sondern eine hübsche Villa mit schöner Terrasse zum See (→ S. 27).

Schon zu den »Gründerzeiten« von Hugo Hartungs Romanfigur, dem ungarischen Mädel Piroschka, fuhr man nicht nur an die Côte d'Azur, sondern auch an den Plattensee. Bereits um 1900 entstanden am Nord- und Südufer große Ferienhotels, zum Teil mit eigenen Badestränden.

Und auch **Ferienwohnungen** wurden immer schon vermittelt; jeder denkt dabei an die Fahrt des jungen Studenten mit dem Dampfzug durch die ungarische Puszta bis zu jenem Dorf mit dem unaussprechlichen Namen. Rund um den Balaton liegen kleinere Landschaften, die nicht nur den Charakter der Puszta aufweisen, sondern auch so heißen: Tömöpuszta, Pusztaszemes, Csisztapuszta – aber lassen wir dies für uns Mitteleuropäer beinahe Unaussprechliche!

Nach 1989/90 ist alles verbessert worden; neue, sehr moderne Hotels sind hinzugekommen, viele Privatzimmer und Ferienwohnungen in renovierten Häusern mit entzückenden Gärten werden nun entlang beider Ufer angeboten. Geöffnet sind die meisten Unterkünfte vom 15. April bis zum 15. Oktober. Für die Hauptsaison empfiehlt es sich, auf jeden Fall frühzeitig zu buchen.

Das **Frühstück** wird in zweierlei Kategorien angeboten: in den Privatzimmern und **Panziós** (Pensionen) in der gewohnten Form des »Kontinentalfrühstücks«, ergänzt durch eine Käse-Wurst-Schinken-Platte, und als Sonderwünsche werden Eierspeisen jeglicher Couleur angerichtet. In den größeren Hotels steht ein Frühstücksbüfett für den Gast bereit.

Das **Campingangebot** ist zwischen dem West- und Ostufer mit zirka 30 bis 40 Plätzen sehr gut, wobei der schönste Campingplatz nach wie vor am riesigen Schilfgürtel bei Balatonbereny liegt. Am Balaton kann man von einigen Campingplätzen in Ufernähe das prachtvolle Seepanorama direkt vom Stellplatz des Wohnanhängers aus miterleben. Diese sind mit einem besonderen Symbol gekennzeichnet. Da die Campingplätze im Sommer ausgebucht sind, empfiehlt sich eine frühzeitige Anmeldung und Reservierungsbestätigung!

Jugendherbergen und **Jugendhotels** sollte man bei der regionalen oder ortsansässigen **Touristinform** erfragen. In Siófok gibt es einige besondere Angebote für Jugendliche, und zwar Hotels, die speziell auf junge Gäste eingestellt sind.

Außerdem existieren so genannte **Touristenherbergen**, ähnlich den Jugendherbergen, aber allgemein zugänglich: **turistáhaz** oder **turistaszalló**. Es gibt die Kategorie »A« mit warmem Wasser in Gemeinschaftswaschräumen sowie die »B«-Klasse, etwa vergleichbar den Berghütten der Alpen mit Gemeinschaftslager.

Hotels sind bei den einzelnen Orten im Kapitel »Sehenswerte Orte« beschrieben. Sie werden von den Büros der **Touristinform** vermittelt.

♿ Diese Unterkünfte sind behindertengerecht.

🐕 In diesen Unterkünften sind Hunde erlaubt.

Preisklassen

Die Preise gelten für eine Übernachtung im Doppelzimmer für zwei Personen mit Frühstück, und zwar ausdrücklich nicht für Budapest.

★★★★★ 75–190 €
★★★★ 40–150 €
★★★ 30–75 €
★★ 10–40 €
★ 7,50–30 €

Panzió
★★★ 15–55 €
★★ 7,50–45 €
★ 7,50–30 €

Alle in diesem Buch empfohlenen Unterkünfte auf einen Blick

Grand-/Luxushotels

Hotels am See

Gute Mittelklasse ohne Seelage

Familiär geführte Unterkünfte

Für Familien besonders geeignete Unterkünfte

Sporthotels

Ruhige Lage außerhalb der Orte

Ferienappartements/Bungalows

Weine vom Balaton und Gerichte aus drei Landschaften – von der Ebene, aus dem Wasser oder aus der Hügel- und Gebirgslandschaft – verführen zu mehr als Kostproben!

In Ungarn werden auf 135 000 Hektar Weinreben angebaut, daraus werden jährlich vier Millionen Hektoliter Wein hergestellt.

Tausend Wunder machen die Speisen und Weine des Balaton aus: Badasconyer Wein ist eine Legende! Seinen Geschmack, seine Fülle, das kräftige und häufig auch würzige Aroma verdankt er dem Boden, der vulkanische Gesteine enthält, sowie dem milden Klima an den geschützten Südhängen. Aus den Weinbaugebieten Balatonfüred und Csopak kommen die feurigen, kernigen und eleganteren Weine. Blaue Trauben bescheren die Hügel bei Tihany: Merlot, Zweigelt, Cabernet. Am Südufer dagegen (Staatsweingut Balaton-Boglár) wachsen auf sandigen Lössböden eher die blumigen, aromatischen, weichen Weine.

Dem »Kesselgulasch« kann man in einem Balaton-Urlaub kaum ausweichen, ein gutes würziges **Pörkölt** lässt das Wasser im Mund zusammenlaufen. Aber auch Zander aus dem Balaton, goldbraun gebraten, oder zuvor eine Fischsuppe – das sind wahre Delikatessen. Es lohnt sich, auch **Wildgerichte** zu probieren; das Wild wird in den riesigen Wäldern oder auf den Feldern gejagt: Hase, Reh, Hirsch, Wildschwein oder Fasan.

Wenige Jahre nach der Wende im Ostblock hat der neue Staat jungen Unternehmern mit Krediten einen neuen Start verschafft. So

Weingüter in jungen Händen

konnten auch rund um den Balaton erstmals junge Winzer neue Betriebe eröffnen. Oft stammen sie aus alten Weinbaufamilien und bringen aus dieser langen Familientradition wichtige Erfahrungen mit.

Was für den Schotten der Whisky und für den Deutschen das Bier, das ist für den Ungarn der Rebensaft. Auf 135 000 ha werden Weinreben angebaut, daraus werden jährlich vier Millionen Hektoliter **Wein** hergestellt. Unlängst hat das südliche Ufer des Plattensees, gegenüber Badacsony gelegen, die Rangstufe »Weinbaugebiet« erhalten. Als die größte Weinkellerei verarbeitet das Weingut Balatonboglár AG die Erträge von

Staatsweingut Balatonboglár

2500 ha, angebaut auf den sanften Löß- und Sandhügeln des südlichen Balaton. Das Weingut hat ganz erheblich zur Entwicklung von Balatonboglár beigetragen, so dass der Ort als Zentrum der Wein produzierenden Gegend am südlichen Plattensee nunmehr zu einer internationalen Stadt der Trauben und des Weines wurde. Rund um das klassizistische Schloss von Balatonboglár werden bereits Mitte August die ersten Trauben mit der Hand geerntet. Erst Ende Oktober ist dann die Lese beendet. Die lange Sonneneinstrahlung gibt der Traube mehr Süße, der gewonnene Wein ist vollmundig, reich an Alkohol,

! MERIAN-Tipp

Auch am Balaton ist nicht alles Gold, was glänzt. Besonders die Angebote einer **Csárda** immer vorher auf den Preis hin abwägen! Da stehen oft außerordentlich höfliche Empfangschefs, **Csókolom** – »Küss die Hand«, kaum dampft dann das Kesselgulasch auf dem Tisch, da geigt der Primas schon was ins Ohr (und möchte ein deftiges Trinkgeld) – also erst einmal schauen, abwägen, vielleicht den Rat der Einheimischen einholen, denn leider, leider regiert auch in diesen Lokalen bisweilen der Nepp!

Säuregehalt und Bukett gehen aber zurück. Während die Weine und Sekte in England unter dem Markennamen »Chapel-Hill« und in den USA unter »Duna« bekannt sind, spielt die Bezeichnung BB auf Balatonboglár an. Bei dem fröhlichen Weinfest zum Abschluss der langen Lesezeit kann man aus der großen Weinfamilie diese stolzen Sorten verkosten: Sauvignon, Chardonnay, Welschriesling sowie Cabernet Sauvignon. Die Rebsorte Traminer lässt einen Wein mit würzigem Duft und Aroma entstehen.

Die reiche Erfahrung und neuere Erkenntnisse geben die Fachleute in der hier eingerichteten neuen Schule der ungarischen Weinwirtschaft weiter. Der reiche Schatz alter Gerätschaften und Dokumente des Weinbaus am Plattensee sind im

Weinbauschule und Weinbaumuseum

Weinbaumuseum des Schlosses ausgestellt. Besichtigungen von Schloss, Weingut und Museum sollte man zuvor bei Frau Klara Sandra Losonczi anmelden (Tel. 85/500-404).

800 Mitarbeiter hat das Weingut, sie ernten, keltern, bauen aus, füllen ab, verkaufen und exportieren schließlich im Jahr 23 Millionen (!) Flaschen mit Wein, Sekt und Wermut in die USA, nach England, Russland, Schweden und Japan, so dass man hier wie dort nach guter alter ungarischer Sitte auf die Gesundheit von Familie und Freunden anstoßen kann: **Egészségedre!**

Die Essgewohnheiten des Mannes bestimmt den Inhalt einer ungarischen Speisekarte. Damals, weit im Osten, in der Hortobagy Puszta, aßen die Gestütsarbeiter und Reiter in aller Herrgottsfrühe fette Wurst mit Weißbrot und Paprika und tranken einen **Barak Palinka** dazu (oder mehrere).

Nach der langen Lesezeit kann man aus der großen Weinfamilie diese stolzen Sorten verkosten: Sauvignon, Chardonnay, Welschriesling und Cabernet Sauvignon.

Deftige Hausmannskost dominiert auch heute die Speisekarten: Fleisch in allen Variationen, ob nun vom Schwein, Rind, Wild oder Geflügel. Für einen Vegetarier eine heftige Prü-

Essgewohnheiten

fung! Salatteller oder Gemüseplatten existieren höchstens im Ansatz mit ein paar Gurkenscheiben, Kraut- und Möhrensalat.

Essen kann man in einem **Ètterem**, also einem gehobenen Restaurant. Oder in einem **Vendéglö**, Häuser dieses Namens zeigen die Spannbreite von Feinschmeckerlokalen mit Eleganz oder legen den Akzent mehr auf Originalität. Das **Kisvendégliö** zählt zu den weniger gestylten Einrichtungen, aber mit familiärer oder dörflicher Atmosphäre und wenigen, aber ausgezeichnet frischen Speisen. Die schon so oft genannte **Csárda** ist ein Landgasthof, in dem man in der Regel gut essen kann. Kleinere Im-

Regionale Spezialitäten

bissmöglichkeiten heißen **Ètkezö** oder **Kifözés, Büfé, Falatozó** oder **Bizstró**. Wichtig sind außerdem die **Cukrászda** – Konditoreien, die Kalorienbomben aus Creme und Schokolade anbieten und nur mit einem **Kávé** runterzuspülen sind.

Das Frühstück nehmen die Ungarn gern im Stehen ein: ein schnelles Törtchen oder Croissant; Hotels dagegen tischen das so genannte »Kontinentalfrühstück« auf, in den Drei-Sterne-Hotels und darüber stehen natürlich Frühstücksbuffets.

Das Mittagessen beginnt mit einer Suppe, d. h. heißen oder auch kalten Fruchtsuppen. Vorspeisen sind oft schon so reichlich, dass sie leicht als Hauptgericht gelten können, und bieten von der frittierten Hirnkugel über Pfannkuchen mit Hackfleisch und Paprika bis zu Gänse- und Entenleber die ganze Bandbreite einer ländlichen Küche. Der folgende Gang schwelgt in Fleisch: Schnitzel, Eintopf mit Selchfleisch, Krautrouladen, Rumpsteak, Leber, Geflügel oder Fasane. Dann stehen aber auch Fische wie Zander, Karpfen oder Wels auf den ungarischen Tischen.

Und die Nachspeisen sind ebensolche Kalorienbomben wie der Kuchen zum Nachmittagskaffee: Strudel, Pfannkuchen mit Walnuss-Rum-Rosinen-Füllungen, Kastanienpüree, Biskuit mit Schokoladen-Butter-Creme und Karamell usw. usw.

Jó étvagyot! (Guten Appetit!)

Zu Kaviar, Krebsen, Austern oder mit Soße zubereitetem Kalbfleisch wird der würzige **Tramini** empfohlen. Etwa zur »Kalbsschnitte nach Pannónia Art«: Die Scheiben einer Kalbskeule werden in wenig Öl gebraten, ebenso Gänseleber- und Schinkenscheiben. Im verbliebenen Bratenfond röstet man entkernte und halbierte Paprikaschoten, die mit Knoblauchzehen gespickt sind. Vor dem Servieren werden die Kalbsschnitten mit einer Scheibe Schinken und Gänseleber belegt. Dann gibt man die Paprikaschoten dazu und übergießt alles mit einer Estragonsauce, die mit Öl und Tomatenpüree angeröstet, mit Mehl bestreut und mit Wasser aufgefüllt wurde. Dazu gibt man den fein geschnittenen Estragon, salzt das Ganze, lässt es zehn Minuten kochen und gießt es durch ein Sieb.

Zum Dessert wie Parfait, Kuchen oder Gebäck dagegen wird der **Muskotály** (Muskat) gereicht, eine weiche, süßliche Weinspezialität mit muskatellem Duft.

Für den ungarischen Abend zu Hause kocht man am besten **Pörkölt**. Man nehme oberstes Beinfleisch und schneide es in 3 cm große Würfel. Zwei größere Zwiebeln fein hacken und in 100 g erhitztes Fett geben, bei dauerndem Umrühren goldbraun braten. Dann kommen eine geschnittene grüne Paprikaschote, eine Tomate, eine halbe zerdrückte Knoblauchzehe, Salz, Kümmel, Majoran, schließlich das Fleisch dazu. Den Topf gut zudecken, mehrmals umrühren, eventuell Wasser zugießen. Wenn das Fleisch weich ist, mit Salzkartoffeln und Salat reichen.

Als Nachspeise seien Topfenpalatschinken empfohlen, jene dünnen, goldbraun gebackenen Pfannkuchen mit einer Füllung aus Quark, Eigelb, Zucker, Rumrosinen und geriebenen Zitronenschalen.

Preisklassen

Die Preise gelten für ein Menü ohne Getränke, Steuern und Trinkgeld.

★★★★ ab 30 €
★★★ ab 20 €
★★ ab 10 €
★ bis 10 €

Oben: Frisches Gemüse und vitaminreiches Obst aus dem Anbau des Landes rund um den Balaton ist etwa in der Fußgängerzone von Keszthely zu finden.

Mitte: Lebensgenuss pur – ein Mittagessen unter freiem Himmel mit Wein und Zigeunermusik.

Unten: 1000 Wunder machen die Speisen des Balaton aus. Und will man dem Kesselgulasch ausweichen, wird ein würziges Pörkölt oder ein goldbrauner Zander empfohlen.

Essdolmetscher

Im Restaurant

Die Speisekarte bitte	*kérem az étlapot [keräm os ehtlopot]*
Die Rechnung bitte	*kérem a számlát [keräm o sahmlaht]*
Ich hätte gerne einen Kaffee	*kérnék egy kávét [kehrnek ädj kahweht]*
Wo finde ich die Toiletten Damen/ Herren?	*hol találom a WC-nök/férfiak [höl tolalom a wehzeht nöhk/vehrviok]*
Frühstück	*reggeli [räggeli]*
Mittagessen	*ebéd [äbehd]*
Abendessen	*vacsora [wotschoro]*

A

almamártás: Apfelsauce
ásványvíz: Mineralwasser

B

bab: Bohnen
barack: Aprikose
bárány: Lamm
bécsi szelet: Wiener Schnitzel
bifsztek: Beefsteak
birka: Hammel
bor: Wein
borjú: Kalb
burgonya: Kartoffel

C

citrom: Zitrone
cseresznye: Kirschen
csirke: Hühnchen
csípős: scharf
csokoládé: Schokolade
csuka: Hecht
csülök: Eisbein
cukor: Zucker

D

derelye: Powidldaschkern
dinnye: Melone
dió: Nuss

E

édes: süß
eper: Erdbeeren
erőleves: Kraftbrühe
étel: Speise

F

fácán: Fasan
fánk: Krapfen
fehér: weiß
fekete: Mokka
foglalt: reserviert
fogoly: Rebhuhn
fogas: Zander
fokhagyma: Knoblauch
főtt: gekocht
fröccs: Spritzer
fürj: Wachtel
füstölt: geräuchert

G

galuska: Nockerln, Spätzle
gesztenye: Kastanien
gombaleves: Pilzsuppe
gombamártás: Pilzsauce
gulyás: Gulaschsuppe
gyümölcslé: Fruchtsaft
gyümölcssaláta: Fruchtsalat

H

hagyma: Zwiebel
hal: Fisch
halászlé: Fischsuppe
harcsa: Wels
hús: Fleisch
húsleves: Fleischsuppe

I

ital: Getränk

K

kacsa: Ente
kalács: Kuchen
karaj: Kotelett
karfiolleves: Blumenkohlsuppe
káposzta: Kraut
kapormártás: Dillsauce
kávé: Kaffee
kecsup: Ketchup
kenyér: Brot
keserű: bitter
kimért: offen
kolbász: Wurst
könnyű: leicht
köret: Beilage
korsó: Krug
krumpli: Kartoffeln

L
lekvár: Marmelade
leves: Suppe
liba: Gans
libamáj: Gänseleber

M
máglyarakás: Scheiterhaufen
máj: Leber
majgomboc: Leberknödel
mák: Mohn
malac: Ferkel
málna: Himbeeren
málnaszörp: Himbeersaft
marha: Rind
mártás: Sauce
meggy: Sauerkirschen
méz: Honig
mogyoró: Haselnuss
mustár: Senf

N
narancslé: Orangensaft
nyúl: Hase

O
őszibarack: Pfirsich
őszibaracklé: Pfirsichsaft
oldalas: Rippenfleisch
őz: Reh

P
pácolt: gebeizt
palacsinta: Palatschinken
pálinka: Schnaps
paprikás csirke: Paprikahuhn
paradicsomlé: Tomatensaft
paradicsomleves: Tomatensuppe
pezsgő: Sekt
párolt: gedünstet
pirított: geröstet
pisztráng: Forelle
pogácsa: Pogatsche
pohár: Glas
ponty: Karpfen
pulyka: Truthahn

R
rántott: paniert
rétes: Strudel
rizs: Reis
rostélyos: Rostbraten
roston sült: Gegrilltes

S
sajt: Käse
saláta: Salat
sárgarépa: Karotten
savanyú: sauer
sertés: Schwein
só: Salz
sósburgonya: Salzkartoffel
sonka: Schinken
sör: Bier
süllő: Zander
sült: gebacken
sütemény: Gebäck
szarvas: Hirsch
száraz: trocken
szilva: Pflaumen
szódavíz: Sodawasser, Sprudel

T
tea: Tee
tej: Milch
tejeskávé: Milchkaffee
tejszínhab: Sahne
tojás: Ei
tonik: Tonic
torta: Torte
torma: Meerrettich
töltött: gefüllt
traubiszóda: Traubensaft
túró: Quark
tyúk: Huhn

U
uborka: Gurken

V/Z
vaddisznó: Wildschwein
vadas mártás: Jägersauce
vadkacsa: Wildente
vaj: Butter
vesevelő: Nieren mit Hirn
víz: Wasser
vörös: rot
zöldbab: Bohne
zöldborsó: grüne Erbsen
zsemlegombóc: Semmelknödel

Auf den Gipfeln nahe am Ufer verstecken sich Burgen und Schlösser, und in den kleinen Weinkellern an den Hängen warten die kernigen Weine des Balaton.

Die hervorragend erhaltene Anlage der Renaissanceburg von Sümeg auf einem Kalksteinhügel. Hier finden im Sommer täglich Ritterspiele statt (→ MERIAN-Tipp, S. 37).

Ein Schloss und ein Marzipanmuseum locken in diese lebendige, bunte Stadt am Westufer, gelegen an den Ausläufern des Keszthely-Gebirges und an der »Riviera von Keszthely«.

Keszthely ■ BC 2, S. 116

23 000 Einwohner
Stadtplan → S. 29

Beginnen wir unsere Rundreise (im Uhrzeigersinn) um den See über die Hauptverkehrsstraße 71 in Keszthely, der »Hauptstadt« des Pannonischen Meeres. Ab 1739 gehörte der Ort zum Besitz der Aristokratenfamilie Festetics. György Festetics gründete 1797 die erste landwirtschaftliche Fachschule Europas, das Georgikon.

Im einstigen **Stammschloss** der Adelsfamilie mit seinen 101 Zimmern kann man die kunstvoll geschnitzte Einrichtung und die Bibliothek mit 90 000 Bänden besichtigen, im Park eine Skulpturenpromenade. Im barocken Spiegelsaal werden Konzerte, in anderen Räumen Ausstellungen und internationale Konferenzen veranstaltet. Auf die Familie Festetics geht auch die Segelbootwerft zurück, die sich einen guten Ruf im Bau von Binnenseebooten erworben hat.

Hotels/andere Unterkünfte

Abbazia-Club Hotel ■ b 2
In der Innenstadt; mit modernen Zimmern, sieben Apartmenthäusern und Swimmingpool.
Erzsébet Királyné u. 23; Tel. 83/311-223, Fax 312-596; www.clubabbazia.com; 124 Zimmer ★★★

Bacchus ■ b 2
Sogar mit Weinmuseum und Vinothek ist dieses gemütliche, nur eine Minute vom Zentrum entfernte Hotel ausgestattet. Tiefgarage, Fahrradverleih.
Erzsébet királyné u. 18; Tel./Fax 83/314-097; 50 Betten ★★★

Das Schloss der Familie Festetics in Keszthely mit seiner neobarocken Fassade wurde 1745 begonnen und 1887 vollendet (→ S. 28).

Gelbe Rose ■ bc 2
Diese moderne Anlage mit Apartments liegt 150 m vom Balaton entfernt im lebhaften Viertel hinter der Bahntrasse.
Keszthely Apat u. 1; Infos über Keszthely Tourinform

Helikon M ■ b 3
Mit eigenem Bootssteg und Badeinsel, direkt am Balaton gelegen. Tennisplätze sowie Wellness- und Beauty-Angebot.
Balatonpart 5; Tel. 83/311-330, Fax 315-403; 240 Zimmer ★★★

Hullam ■ b 2
Kein Betonklotz, sondern eine hübsche Villa aus dem Jahr 1883 mit schöner Terrasse zum See.
Balatonpart 1; Tel. 83/312-644 oder Tel./Fax 315-950; 98 Betten ★★★

Hotel Kakadu östlich ■ c 1
Rot-weiß strahlt das Viersternehotel mit vielen überdachten Balkonen und Terrassen. Blick auf den Balaton, Schwimmbad, Sauna, Dachterrasse, Zahnarztpraxis, Parkplatz.
Pázmány u. 14; Tel. 83/312-042, Fax 314-391; E-Mail: kakadu@hotels.hu; 100 Betten ★★★★

Spaziergang

Von der Tourinform führt unser Spazierweg entlang der Kossuth Lajos utca zum **Balaton-Museum** und weiter zum Helikonpark. Das Museum wurde 1928 im Neobarockstil erbaut. Nach der völligen Vernichtung des gesamten Ausstellungsmaterials konnte inzwischen wieder eine neue Sammlung von 400 000 Exponaten aufgebaut werden. Über eine Platanenallee erreicht man ein Denkmal, das aus einer auf sechs griechischen Säulen ruhenden Kuppel besteht. Den Spazierweg kann man noch ein wenig über den Bahnhof hinaus ans Seeufer verlängern. Durch eine Reihe uralter Silberulmen fällt der Blick auf den Balaton, der wieder seine ungeahnten Farbnuancen zeigt. Hier stehen zwei Hotels, beide 1892 erbaut, nebenan das mit modernen Kabinen versehene, im romantischen Stil erbaute **Strandbad**, das bei heißen Temperaturen ein erfrischendes Bad vom Badesteg (mit Umkleidekabinen) verspricht. Daneben führt die Dampferanlegestelle mit ihren kleinen grünbraunen Fachwerktürmchen weit in den See. Hier lockt das beinahe in die Luft gebaute **Café Molo**: Es erwartet den Besucher auf Stelzen, oben hat man eine wunderbare Aussicht über den See und die schön gepflasterte und mit Blumen geschmückte Mole. Bei einem Eisbecher oder einem Cocktail kann man das einzigartige Farbenspiel des Sonnenuntergangs genießen.

Übrigens: Wer es mag, kann auch mit einem nostalgischen Bähnchen (MÀV Nosztalgia, Keszthely MÁV-Állomás; Tel. 83/31-304) zum Balaton-Ufer fahren oder durch die anderen Parks mit uraltem Baumbestand aus aller Herren Länder spazieren und damit »die ganze Welt anfassen« – für Kinder ein greifbares Erlebnis!

Sehenswertes

Dreiheiligensäule ■ b 2
Auf dem Marktplatz im Zentrum steht dieses 1770 aus Sandstein geschlagene Barockdenkmal, vermutlich das Werk eines örtlichen Steinmetzes. Die Säule zeigt die Dreiheiligkeit mit den Figuren der Schutzpatrone Keszthelyer Handwerker: den hl. Florian, hl. Sebastian und hl. Rochus. Die Putti sind Allegorien auf Glauben, Hoffnung und Liebe.

Gotische Pfarrkirche ■ b 2
Dieses älteste Gebäude von Keszthely wurde 1390 auf römischen Fundamenten errichtet, fast 600 Jahre später entdeckte man gotische Wandbilder im Sanktuarium. Im 16. Jh. diente die Kirche während der Türkenbedrohung als Festung. Hier befinden sich auch die Grabmäler des Stifter István Laczkffy († 1397) und Kristóf Festetics († 1768). Der Turm der Kirche stammt von 1896 – ist also neugotisch, aber das eingesetzte gotische Rosettenfenster ist älteren Datums (14 Jh.). Im Burggarten südlich der Kirche sind noch die Grundmauern der Rundkirche St. Laurentius (12. Jh.) zu sehen.

Lakóház ■ ab 1
Auffällig ist das »rote« Haus nahe des Schlosses allemal. Einstmals diente das barocke Bauernhaus als Amtswohnung der Festetics-Verwaltung.
Kastély u. 16

Pethö-Haus und Synagoge ■ b 1–2
Man muss schon in den Innenhof der Kossuth u. 20 gehen, um dieses aus dem Mittelalter stammende Haus bewundern zu können. Im 18. Jh. wurde es im Barockstil umgebaut. Es ist zudem das Geburtshaus des Komponisten Karl Goldmark, der hier am 18. Mai 1830 zur Welt kam.

Nur wenige Schritte weiter liegt im Hintergrund die im eklektischen Stil (nachahmender Stil anderer historischer Meister und Epochen) im 18. Jh. erbaute Synagoge. An der Seite führt ein Aufgang, verziert mit einem Gitter mit Davidstern, hoch zur Frauenempore. Die Einrichtung der restaurierten Synagoge ist fast vollständig erhalten geblieben.

Reiterhof
Reitervorführungen mit Geländereiten, Reitunterricht, Kutschfahrten.
Tündérlak 1; Tel. 30/328-5442

Schloss Festetics ■ a 1
2
Der 1745 errichtete Schlossbau steht auf den Resten der einstigen Pethöburg. Seine heutigen Neobarockformen wurden 1887 abge-

schlossen. Von den insgesamt 101 Räumen dienen einige als Bibliothek für 90000 Bände, als Tagungs- und Konferenzräume sowie der ehemalige Speiseraum als Konzertsaal.

Im **Schlossmuseum** wird die aristokratische Lebensweise des 18. und 19. Jh. in 16 Sälen und Gemächern vorgestellt; dazu sind in den Korridoren einzigartige Prunkwaffen und unterhalb des Turms Trophäen des Afrikajägers Fürst Windischgrätz zu bewundern. An das Anwesen schließt sich in westlicher Richtung ein Park an, der ursprünglich einmal 42 ha umfasste, heute aber auf 7,2 ha geschrumpft ist.
Kastély u. 1; Tel. 83/312-190/191, Fax 315- 039; Di–So 9–17 Uhr

Városháza ■ b 2
Am Marktplatz steht das markante Gebäude des Rathauses, entstanden 1769 als Quartierhaus des Komitats (Verwaltungsbezirks) nach den Plänen des Architekten Kristóf Hofstädter. Die »Zopfstilfassade« erhielt das Gebäude bei einem späteren Umbau.

Museen

Balaton-Museum ■ a 1
In einem beeindruckenden Gebäude im neobarocken Stil (1928) werden Exponate zur Geschichte des Plattensees, von Land und Leuten gezeigt.
Múzeum u. 2; Tel./Fax 83/312-351; Apr.–Okt. Di–So 10–18, Nov.–März Di–Sa 10–17 Uhr

Georgikon/Meierhofmuseum

■ a 1–2

Verbunden durch eine Rosskastanienallee mit dem »Georgikon« ist hier eine Landwirtschaftsausstellung zu besichtigen, und in der 200 Jahre alten Freikaminküche kann man sich zum traditionellen Essen auch einen guten Wein schmecken lassen.
Berscényi u. 67; Tel. 83/311-563; Apr.–Okt. Di–Sa 10–17 Uhr, So 10–18 Uhr

Puppenmuseum ■ a 1

In einem 200 Jahre alten Kellergewölbe sind 450 Porzellanpuppen (70 cm groß) in ihren Volkstrachten ausgestellt; außerdem das Parlamentsgebäude von Budapest, gefertigt aus 4,5 Millionen kleiner Schnecken des Balaton.
Bakasc út/Kossuth Lajos u. 11; Tel. 83/315-588 oder 313-473; tgl. 9–19 Uhr

! MERIAN-Tipp

Marcipan múzeum Hier beginnt die »süße Verführung« am Balaton, gleich in der Nähe des Schlosses, mit 100 handgefertigten Marzipanfiguren. Diese selbst gemachten Spezialitäten der ungarischen und der Wiener Konditoreikunst werden in familiärer Atmosphäre vorgestellt: Viele bunte Figuren stehen da auf der Konditoreitheke und warten darauf, verspeist zu werden, denn diese Spezialität aus Mandeln und Zucker ist einfach köstlich, ob es nun der bunte Clown oder die Zirkusprinzessin ist! Nicht nur das bietet die Zuckerbäckerei in großer Meisterschaft, sondern auch Torten und Eisbecher. Keszthely, Katona J. u. 19; Tel./Fax 83/319-322. ■ b 1

Essen und Trinken

Bacchus-Étterem ■ b 2

Ungarische Spezialitäten und Zigeunermusik in rustikaler Atmosphäre.
Erzsébet királyné u. 18; Tel./Fax 83/314-097 ★★★

Corso Restaurant ■ b 2

Vorbei an wunderbaren Villen der Erzsébet utca auf dem Weg zum Balaton findet man hier Angebote, die in einem guten Preis-Leistungs-Verhältnis stehen: z. B. Zanderfilet 4,80 €, Puszta-Gulasch 3,70 €.
Erzsébet u. 23 ★

Gösser Söröző és Étterem ■ a 2

In der Fußgängerzone bietet dieses Restaurant (mit Garten) eine gute Auswahl von Speisen.
Kossuth Lajos u. 35; Tel. 83/312-265 ★★

Stones Cyber&dance-café ■ b 1

Für den Balaton fällt es aus dem Rahmen, dieses Mini-Casino mit Café-Cocktail-Bar, Internet, Billardtischen und Darts.
Kisfaludy u. 17; Tel. 83/510-109; www.stones-cafe.hu ★

Einkaufen

Auf der **Kossuth Lajos utca** sind einige interessante Shoppingläden zu finden, besonders in den Seitenstraßen bieten Geschäfte viel »junge Mode«.

Folkart Keszthely KFT ■ a 2

Landhausmode: schlichte, weiße Hirtenblusen aus Naturmaterialien, schwarze Jacken mit der landestypischen Stickerei, Tischdecken, Herend-Fayencen, »village Pottery« in weiß mit grün abgesetztem Obstdekor.
Kossuth Lajos u. 12

Glasschleiferei Kajdi Imre ■ a 2

Edle Gläser und Einblicke in die Technik des Glasschleifens mit Gravuren.
Im Atrium Warenhaus, Kossuth Lajos u.

Weinproben ■ b 2
In der **Bacchus Vinothek** werden aus mehr als 800 Weinsorten in einer kommentierten Degustation erlesene Sorten vorgestellt.
Erzsébet királyné u. 18; Tel./Fax 83/314-097

Am Abend

Im **Schloss Festetics** finden neben Ausstellungen auch Kammerkonzerte statt, in der **Karmeliterbasilika** werden während der Sommersaison Orgelkonzerte geboten. Operettenkonzerte von Lehár, Strauß, Kálmán, Ábrahám mit dem Budapester Lehár-Orchester und internationalen Stars von April bis Oktober (Infos: Tel. 30-222-111; musikdart@axelero.hu, www.musikdart.hu).

Service

Auskunft ■ b 2
Keszthely Tourist, H-8360 Keszthely, Kossuth Lajos u. 25; Tel. 0036/83-312-031 oder 314-287, Tel./Fax 0036/83-314-288; www.keszthelytourist.hu; E-Mail: khtours@axelero.hu

Medizinischer Notdienst für Touristen
Krankenhaus Keszthely, Ady Endse u. 2; Tel. 83/311-060

Taxi
Zentrale: Tel. 333-333

Ziele in der Umgebung

Hévíz ■ B 2, S. 116

6100 Einwohner

Von der Hauptstadt des Sees erreicht man über eine kleine Landstraße den geheimnisvollen **See von Hévíz**. Stahlblau, aber tiefdunkel schimmert das Wasser des größten Warmwassersees Europas vor den mit zwei spitzen Holztürmen geschmückten Badeanlagen. Er bietet den Badenden viel Platz, denn seine Oberfläche misst 47 500 qm. 40 °C warmes Wasser dringt ständig aus den Quellkratern auf dem Seegrund herauf an die Oberfläche. Der See selbst hat im Sommer durchgängig eine Temperatur von 33 bis 34 °C, und auch im Winter kühlt er nie unter 26 bis 28 °C ab. Auf dem Boden des Sees lagert radioaktiver Heilschlamm; er wird zur Behandlung von verschiedenen Erkrankungen der Gliedmaßen herangezogen. [7]

Hier und da glüht ein bunter Tupfer auf der dunklen Wasserfläche: Die rote Seerose blüht als botanische Rarität sozusagen als Zugabe zum Heilerfolg, Hévíz ist als internationaler Kurort anerkannt!

Hotels/andere Unterkünfte

Apparthotel Hévíz
Mittelgroßes, feines Hotel mit Apartments.
Erzsébet királyné u. 19; Tel. 83/340-072 oder -073, Fax 340-071; 90 Betten ★★★

Carbona Hotel
Mit eigenem Bootssteg und Badeinsel, direkt am Hévízer See gelegen. Tennisplätze, Wellness- und Beauty-Angebote.
Balatonpart 5; Tel. 83/311-330; Fax 315-403; 240 Zimmer ★★★

Dorint Rogner Lotus MM
Luxuriöse Wellness-Oase mit schöner Poollandschaft und großem Fitness-, Beauty- und Sportangebot.
Lótuszvirág u.; Tel. 83/500-590, Fax 500-591; 230 Zimmer ★★★★

Hotel Erzsebet
In Weiß strahlender Neubau mit eleganten Zimmern, Restaurant, Bar, Tiefgarage, eigener Therapieabteilung.
Erzsébet királyné u. 13–15; Tel./Fax 83/342-035 bis -040; 47 Zimmer ★★★

Hotel Európa Fit
In grüner Umgebung, 2000 eröffnet; neben Badekuren und Therapien werden besonders Sportanimationen angeboten.
Jókai u. 3; Tel. 83/501-100, Fax 501-101; E-Mail: europa1@mail.matav.hu; 160 Zimmer ★★★★

Korona Panzió
10 Min. vom Zentrum gelegen; mit klimatisiertem Restaurant, hellen, modernen Zimmern, Sauna, Solarium, Massage; gute Küche und preiswerte Weine.
Széchenyi u. 43; Tel./Fax 83/340-832 oder 340-839; 22 Betten ★★★

Spaziergang

Im Herzen der kleinen Badestadt empfangen nach einer langen, blumengeschmückten Allee an beiden Seiten des Eingangs zum **Seebad** zwei Steindrachen die Besucher, vermutlich um die Wende zum 20. Jh. aus Sandstein gehauen. Im neuen Wappen von Hévíz ist auch das Symbol des Seebades – die Seerose – zu finden. Der Springbrunnen gegenüber zeigt die »Nymphe des Sees« (von Jenö Molnár). Der Cherub an ihrer linken Seite beschützt den See gegen böse Geister.

Über die Dr. Schulhof Vilmos sétány erreicht man in nördlicher Richtung das **Winterbad** mit der bronzenen Büste des Grafen Festetics. Im **Statuenpark** sind drei berühmte Persönlichkeiten der ungarischen Literatur zu finden: M. Zsigmond, C.V. Mihály, D. Berzsenyj.

Vom Statuenpark geht es zurück zur Promenade des Seebades mit dem Denkmal der Ungarischen Völkergemeinschaft, errichtet zum 1100. Jahrestag der ungarischen Landnahme. In der Vorhalle des Winterbades steht der Jupiter-Altarstein, ein Relikt aus der Römerzeit. Auf der westlichen, linken Seite der Rákóczi utca führt der Weg an Geschäften vorbei, auf der rechten Seite sind alte, zum Teil renovierte Gebäude zu sehen, u.a. verschiedene Villen aus den 20er Jahren des 19. Jh., oder das ehemalige Hotel Astoria. Der Károly-Moll-Platz erinnert an die Revolution und die Freiheitskämpfe. In der Széchenyi utca steht die größte Kirche der Stadt, die **Heilig-Geist-Kirche**, die 1000 Besuchern Platz bietet, errichtet von 1996 bis 1999. Die siebentürmige Kirche symbolisiert die sieben Gaben des Heiligen Geistes. Sehenswert sind die Holzvertäfelung und die gotischen Fensterformen – trotz der modernen Kirche.

Weitere Wanderwege führen durch den Schutzwald, der als ökologisches System rund um den See bereits in der Mitte des 19. Jh. angelegt wurde.

Sehenswertes

1000 Jahre auf dem Pferd
Historische Reit- und Tanzvorführungen in Zalacsány – Turnierspiele, religiöse Rituale, Renaissancetänze, Husarenparaden etc.
Balios Zalacsányer Angelsee und Freizeitpark, Landstraße 76, Vital Hotel Hévíz; Tel. 83/543-528; www.zalacsany.info.hu

Alsópáhok ■ B 2, S. 116
In der nahen Ortschaft weist die röm.-kath. Barockkirche (1778) hervorragende Ornamentmalereien auf.

Cserszegtomaji ■ B 2, S. 116
Das Dorf liegt ca. 3 km von Hévíz entfernt und zeigt noch viele historische Einrichtungen: eine Burg aus dem 14. Jh., ein Lustspieltheater, Landhäuser und den Festetics-Keller mit Restauration.
Tel. 83/382-300

Egregy
Der Ort ist ein Teil von Hévíz und hat eine Dorfkirche (vermutlich 1. Hälfte

Oben: Im Panoptikum des Schlossmuseums in Keszthely wird mit Kostümen und Möbeln die aristokratische Lebensweise des 18. und 19. Jahrhunderts vorgestellt.

Mitte: Stahlblau, aber tiefdunkel schimmert das Wasser des geheimnisvollen Warmwassersees von Hévíz vor den mit zwei spitzen Holztürmen geschmückten Badeanlagen.

Unten: Das rote barocke Bauernhaus Lakóház nahe dem Schloss von Keszthely diente einst als Amtswohnung der Festetics-Verwaltung.

13. Jh.), die 1341 erstmals urkundlich erwähnt wurde und im ursprünglichen Zustand erhalten ist.

Museen

Galéria Hévíz
Im Glasatrium finden kulturelle Veranstaltungen statt.
Ferenc Deák tér.

Ortsgeschichtliches Museum
Das Museum wurde 1998 im ersten Stockwerk des Filmtheaters **Fontana** eröffnet. Ständige Ausstellung des Keramikers József Simon, daneben Periodica.
Rákóczi u. 9; montags Ruhetag

Essen und Trinken

Hévízer Grinzing
An der 400 m langen Straße, die zur Kirche im Stadtteil Egregy führt, laden Weinstuben zur Einkehr und Verkostung ein.

Im Weinberg
In romantischer Umgebung mit schönem Ausblick wird ungarische Küche und Folklore geboten.
Panorama köz 1; Tel. 83/330-215 ★★

Jancsi's Küche
Liegt in der Keszthely-Gartenstadt und ist ein Tipp: Im familiären Stil werden ländliche Spezialitäten und hausgebackene Kuchen gereicht.
Mély u. 5; Tel. 83/511-512 ★★

Liget Restaurant
Bietet nicht nur ungarische Spezialitäten, sondern auch Fisch- und Wildgerichte. Ein viel besuchtes Étterem!
Petőfi u.7; Tel. 83/340-920 ★★

Mozart Kaffeehaus M
Besonderes Flair, vor allem werden Kaffee und Kuchen in exzellenter Qualität gereicht. Auch Apartments.
Kodály u. 49; Tel. 83/340-377 ★

Einkaufen

Csaba Bereczky
Im Holzschnitzer-Werkstatthaus, 4 km von Hévíz, werden Holzschnitz- und Möbelkunst gezeigt; der Meister bildet im Komitat Zala aus.
Cserszegtomaj; Tel. 83/310-454

Goldfisch
Das Angelfachgeschäft hält alles an Ausrüstung für Petrijünger bereit.
Széchenyi u. 16; Tel. 83/341-264

Hollóházi Porcelán Rt.
Für den Liebhaber kostbares Herend-Porzellan in großer Auswahl.
Deák tér 2.; Tel. 83/342-057

»Laden der sparsamen Oma«
Viele interessante und sehr preiswerte Angebote (vor Anker-Brotladen).
Szecheny u. 19

Lederart
Gut verarbeitete Lederwaren und Frotteewäsche werden in schönen Einzelstücken angeboten.
Racosil u.

Am Abend

Operettenabend montags 20 Uhr; »Musica Antiqua« (Renaissancemusik) und andere Gruppen, Orchester, Bands mit Konzerten in den Festsälen, Hotels und Schulen.

Service

Auskunft
Hévíz Tourist, H-8380 Hévíz, Rákóczi u. 2.; Tel. 0036/83-341-348 oder 540-175; Fax 340-479; E-Mail: heviztur@axeleto.hu

Medizinischer Notdienst für Touristen
József A. u. 2; Tel. 83/342-871

Taxi
Tel. 30/993-6073

Balatongyörök ■ C 2, S. 116

750 Einwohner

Der Ort, zwischen Keszthely und Szigliget an einer Landspitze gelegen, macht neugierig, wenn man von der Nationalstraße 71 abfährt: eine lange und gepflegte Dorfstraße mit Grünanlagen, Blumenbeeten und blanken weißen Häusern hinter Staketenzäunen – ein anheimelnder und einladender Eindruck. Unten lädt der Strand mit viel Grünfläche, Bänken, einer langen Mole zum Angeln (offenkundig vor allem Aale, wie der Fang zeigt). Platanen bieten an der Promenade dichten Sonnenschutz, dennoch bleibt Raum für einen Blick auf die Vulkankegelberge zur Linken, voraus der aufgewühlte Balaton.

Hotels/andere Unterkünfte

Kastély Luxus Bungalow
Nur wenige Zimmer, aber erlesenes Ambiente mit Restaurant, Café, eigenem Strand und interessanten Wellness- und Sportangeboten.
Petőfi u. 2; Tel./Fax 83/346-001; E-Mail: kastely.hotel@matavnet.hu, www.hotels.hu/bungalow-bgyorok; 15 Zimmer ★★★

Panoráma Hotel
Dieses Großhotel bietet neben Restaurant, Bar und Café eine ganze Palette an Sport- und hier vor allem Wassersportangeboten.
Petőfi u. 5; Tel. 83/349-524 und Tel./Fax 346/010; E-Mail: hotelpanorama@matavnet.hu, www.hotels.hu/panorama-balatongyorok; 70 Zimmer ♿ ★★★

Museen

Afrikamuseum
Nur 6 km nach Balatongyörök kann man die Atmosphäre Afrikas spüren: In der ehemaligen Nagy-Villa hat der Afrikaforscher Endre Nagy (1913–1994) Trophäen und Kunstwerke des Schwarzen Kontinents zusammengetragen. Dazu leben auf dem 2 ha großen Gelände des Afrikamuseums einige »Wüstenschiffe« – Kamele.
Kültelek 11 (direkt an der Nationalstr. 71); tgl. 9–18, im Winter 10–15 Uhr.

Szigliget ■ D 2, S. 116

1200 Einwohner

Nach einer schönen Fahrt von Keszthely über die Landstraße, vorbei an großen Werbetafeln für Rundflüge, Gokartrennen, Verkaufsständen mit Töpfer- und Fellwaren, erreicht man den Küstenort Szigliget. Der Weg zum Strand zieht sich hin, PKW-Anfahrt wird empfohlen.

Wie ein Kleinod liegt dann die Bucht von Szigliget vor dem Besucher; ihr Liebreiz kann sich durchaus mit dem der Provence messen. Die Natur bedachte diese Gegend äußerst großzügig. Wie das Blut der Landschaft in den Fässern der langen Keller gärt, so glüht ihre Seele am schönsten und klarsten in seinen Dichtungen. Das ist die romantische Welt der Märchen, Sagen, Legenden und Räubergeschichten, die unter anderem Mór Jókai inspiriert haben; hier steht auch die Wiege zahlreicher Kunstwerke – vielleicht der Grund, warum man im ehemaligen Schloss ein Erholungszentrum für Schriftsteller und Journalisten einrichtete. Oder umgekehrt – die Anmut des Ortes hat viele Werke der ungarischen Literatur hervorgebracht.

Hotels/andere Unterkünfte

Haus Plattensee
Kleines, einfaches Haus mit 10 Betten; Garten, Parkplatz.
Külsöhegyj u. 54; Tel. 87/461-886 oder 79/363-323; 5 Zimmer ★

Szölöskert Panzió
Man wird gleich eingestimmt: Zur Pension geht man durch ein Weinspalier. Gute Landküche im ange-

schlossenen Restaurant.
Vadrózsa u. 3; Tel. 87/461-044;
25 Zimmer ★

Spaziergang

Das »Sehenswerte« im Ort lässt sich bei einem herrlichen, leicht bergauf führenden Spaziergang erleben. Bei der Einfahrt stößt man gleich auf die rechts und links der Straße gelegenen Parkplätze und unmittelbar an der Kreuzung auch auf die Tourinform. Hinter der großen Mauer liegt das klassizistische **Schloss Esterházy** aus dem 19. Jh. In dem dazugehörenden, 12 ha großen Schlosspark stehen über 100 Jahre alte Riesenbäume – 520 verschiedene Baumarten, allein 150 davon Nadelbäume. Das Schloss (heute Haus des Schriftstellerverbandes) und der Park können besichtigt werden.

Der Spazierweg führt an dem kleinen Verwaltungsgebäude von Szigliget bergaufwärts an einer Kapelle und an typischen Häusern und Kellern des 19. Jh. vorbei durch das Altdorf, entstanden im 18. Jh.

Dann erreicht man mit einem letzten, steileren Aufstieg die Ruinen der 3 **Burg Szigliget.** 1260 begannen die Benediktiner in einer Höhe von 242 m mit dem Bau der Burg, 1262 nahm der König die »gute und nützliche Burg« von den Mönchen zurück. Sie bestand aus zwei Türmen und einem Wohngebäude, später um eine mit Türmen befestigte Umgürtung erweitert. 1664 wurde die Burg von den aus der Szentgotthárder Schlacht sich zurückziehenden Türken dreimal und jeweils ohne Erfolg bestürmt. Erst ein Blitzschlag leitete das Ende der Burg ein, 1702 verordnete König Lipot I. ihren Abriss.

In einer großen Aktion wurde die Ruine freigelegt und Teile rekonstruiert. Dabei stößt man jetzt auf solch interessante Details wie den »Balkenblockbau« – Balken von Stein umbaut –, zweischalige Palisaden mit Steinen gefüllt, eine alte Bewehrung mit Wolfsgrube. Man steigt über Stufen und Holzbrücken, durchstreift die Kemenate (Frauengemächer) und den Pferdestall und spürt – je höher man kommt – nicht nur den Wind der Berge, sondern hat jetzt auch einen weiten Blick in die Ebene, in das Tal der Vulkane und auf den Balaton.

Unterhalb der Burg steht eine Kirche von 1725, daneben ein kleines Kunsthandwerkszentrum mit Galerie. Im Schatten der kleinen Kirche kann man auf den alten Mauern ein wenig sitzen, ein Picknick halten und dabei den alten Friedhof (**Avasi Torony**) anschauen. Der Abstieg fällt leichter, jetzt hat man vielleicht auch einen Blick für die besonderen Bäume und ihre Früchte, »Szeder« genannt; sie schmecken säuerlich und erinnern ein wenig an Brombeeren.

Der Ort selbst bietet noch eine **Burgruine** und das **Esterházy-Weinmuseum**, schließlich liegen zahlreiche Weinberge rund um dieses pittoreske Dorf mit seinen schilfgedeckten Häusern. Wie Unkraut wachsen die roten Lilien in den Vorgärten, in den Ställen grunzen die Schweine – ungarisches Landleben pur!

Im östlichen Siedlungsteil von Szigliget steht oberhalb der alten Fähren der **Csonka-Turm**, ein Rest der Avas-Kirche aus der Arpadenzeit.

Museen

Galerie im Burgkeller
Kisfaludy Sándor u. 26; Tel. 87/461-089

Marton-Galerie
Fakavölgyi u.10; Tel. 87/461-349

Essen und Trinken

Aranypatkó
Ungarisches Ambiente; auf einer Anhöhe mit schöner Aussicht gelegen.
Kossuth Lajos u. 17; Tel. 87/461-300 ★★

Burgrestaurant
Landestypische Speisen.
Kisfaludy u. 30; Tel. 87/461-040 ★★

Eszterházy Pince
Ungarische Küche und Zigeunermusik in einem alten Weinkeller.
Kossuth Lajos u. 3; Tel. 87/461-044 ★★

Einkaufen

Eine große Auswahl an Antiquitäten findet man in einem 150-jährigen Bauernhaus (Petöfi u. 34; Tel. 87/461-088)

Am Abend

Die **Sommertage von Szigliget** bieten Reitvorführungen, Volkstänze und Blaskapellen; in der Burgruine werden **Burgspiele** veranstaltet.

Service

Auskunft
Szigliget Information, Kossuth u. 59; Tel. 0036/87/461-355 oder 461-268, Fax 561-019

Medizinischer Notdienst für Touristen
Kossuth u. 25; Tel. 87/461-068

Tapolca

■ D 1, S. 116

18 000 Einwohner

Ca. 10 km nördlich von Szigliget liegt Tapolca, die Stadt der Weine, des 4 Wassers und der **Höhle**, 1903 entdeckt. Diese stellt auch das Interessanteste dar mit ihren Felsenhallen, Tropfsteingebilden, einem See und vor allem einem Heilklima, das wohl in Zukunft weiteren Kurtourismus anziehen wird. Das Thermalwasser hat den Kalkstein, die sandigen und lehmigen Ablagerungen ausgewaschen und das rund 4 km lange Grottensystem entstehen lassen. Größter Raum ist der Lóczy-Saal mit 20 m Länge und 8 m Höhe. Auf dem fast einen Meter tiefen Wasser kann man Boot fahren (Kisfaludy u. 2; Apr.–Mai Di–So 10–17, Juni–Aug. tgl. 10–18, Sep.–Nov. Di–So 10–17 Uhr).

Sehenswert ist auch der Mühlenteich, der **Malom-See**, am Hotel **Gabriella**, ein Haus des frühen 19. Jh. (Batsányi tér 7; Tel. 87/511-070, Fax 511-077; www.hotels.hu/gabriella). Das Städtische Museum mit Schulmuseum findet sich in der Templomdomb 8 (Tel./Fax 87/413-415).

In Diszel, unweit von Tapolca, richtete der Kunstsammler Ákos Vörösváry in einer alten Mühle die erste Ungarische Schausammlung ein.

Qualitätsweine aus eigenem Anbau bietet das romantisch gelegene Weingut **Szászi**, südlich von Tapolca und Hegymagas, an (von Szigliget auf der rechten Seite, ausgeschildert; Tel. 30/997-1919, Fax 87/414-579; E-Mail: horvathh@elender.hu; ganzjährig geöffnet).

! MERIAN-Tipp

Renaissanceburg in Sümeg Die hervorragend erhaltene Anlage aus dem 15. Jh. mit Bischofswappen am Burgtor erhebt sich hoch oben auf einem Kalksteinhügel. Im Sommer finden täglich mittelalterliche Ritterspiele statt; auf Anmeldung gibt's auch ein Rittermahl (über Nationalstraße 84, etwa 20 km nördlich von Tapolka; Infos bei Stadtbüro Mutsch Ungarn Reisen, H-8380 Hévíz, Széchenyi u. 23; Tel. 83/340-481, Fax 540-075). Außerdem versteckt sich in der barocken Pfarrkirche von Sümeg eine der wertvollsten Barockmalereien: Fresken von 1757/58 von Franz Anton Maulbertsch.

Rund um den Badacsony – einem 437 Meter hohen Basaltberg, vor fünf Millionen Jahren aus Basaltlava gebildet – präsentiert sich der Weinanbau als Attraktion.

Badacsony

■ D 2, S. 116

3500 Einwohner (mit Badacsonytomaj und Badacsonytördemic)

Hier wird »Grauer Mönch« angebaut, ein halbtrockener Wein, der – wie andere Badacsony-Weine – den Weinkenner erfreut. Er kommt in seiner eleganten, würzigen Art unseren Rhein- und Moselweinen am nächsten. Es wird ihm auch nachgesagt, er könnte männliche Nachkommen garantieren. Daher soll es am Habsburger Hof üblich gewesen sein, vor der Hochzeitsnacht ein Glas des edlen Weins zu trinken. Oder waren es derer gar mehrere?

Der Ort hat viele kleine Weinkellereien, wo man den Grauen Mönch kosten kann – oder man frönt ihm auf den Restaurantterrassen mit Seeblick. Rundum einige klassizistische Häuser, darunter das Kelterhaus der Schriftstellerfamilie Kisfaludy.

Hotels/andere Unterkünfte

Club Hotel Badacsony
Hoteleigener Strand, eigene Schiffsanlegestelle, alle Arten des Wassersports. 1999 vollständig renoviert, 3 ha großer Park – das einzige »All-Inclusive-Hotel« am Plattensee.
Badacsonytomaj, Balatoni u. 14; Tel. 87/471-088, Fax 471-059; www.hotels.hu/clubhotel-badacsony; 150 Betten ★★★

Fröhliche und melancholische Weisen zaubert der Zigeunerprimas aus seiner Geige hervor. Ihn begleiten Bratsche, Klarinette und das rasant gespielte Zymbal.

Gyermektábor
Einfacher Gasthof mit Garten.
Balatonakali, Dörgicsei út 29; Tel./Fax 87/482-135; 22 Zimmer ★

Harsona Panzió
Auch hier gehört ein Restaurant zur kleinen, überschaubaren Pension; mit Parkplatz, Garten und Sportangeboten.
Badacsony, Római u. 190; Tel. 87/431-379, Fax 323-986; E-Mail: harsona@mail.matav.hu; 9 Zimmer ★★

Katica Fogadó
Kleiner einfacher Landgasthof, nur mit Café und Garten.
Badacsonytördemic, Hösök u. 33; Tel. 87/433-496; 6 Zimmer ★

Pigál Panzió, Badacsonyörs
Klein, aber fein, ist hier die Devise bei nur elf Zimmern, aber einem gut geführten Restaurant, dazu ein Parkplatz, Garten und Weinstube.
Szölöhegy u. 3; Tel. 87/471-824, 89/32-149, 30/225-1139, Fax 89/315-198; www.hotels.hu/pigal; 27 Betten ★★

Hotel Volán
In Hafennähe liegt dieses Hotel, eine Gartenanlage mit eigenem Pool, etwa 200 m vom See entfernt. Restaurant, Bar, Parkplätze, Sportangebote.
Badacsony, Római u. 168; Tel./Fax 87/431-013; www.hotelshu/volan-badacsony; 22 Zimmer ★★★

Spaziergang

Drei Spaziergänge seien empfohlen:

Ein Spaziergang führt auf die **Badacsony-Kuppel** mit ihrem bewaldeten Plateau, vor allem aber wird dem Gast ein fantastischer Blick über das Pannonische Meer geschenkt.

Ein weiterer Spaziergang weist in östliche Richtung nach Badacsonyörs in das **Folly-Arboretum,** eine Anlage mit immergrüner Vegetation, 1905 von dem Arzt Dr. Gyula Folly angelegt.

Schließlich können Sie zum Hafen mit der sehenswerten **Hafenmole,** einer modernen gepflasterten Anlage, bepflanzt und beleuchtet, flanieren.

Sehenswertes

Da es keinen Ortsplan gibt, hier nur eine fortlaufende Aufzählung: Zu einer Gedenkstätte der ungarischen Literatur, dem Wohnhaus des Dichters Sándor Kisfaludy (1772–1844) und seiner Gattin Róza Szegedy, führt der Weg von der Hafenmole aus nach Norden. Die beiden Namen Szegedy und Kisfaludy erinnern an eine große Liebesromanze zwischen dem Dichter und der Winzertochter und späteren Schauspielerin. Der Barockbau am Berghang ist nicht nur Gedenkmuseum mit Originaleinrichtung, hier finden auch Veranstaltungen im Stil jener Zeit statt.

Das **Kisfaludy-Haus** steht etwas höher am Hang, auch ein ehemaliger Besitz des Dichters (Press- oder Kelterhaus), heute ein Restaurant. Vor dem Haus sprudelt die Kisfaludy-Quelle, vom Parkplatz führt ein Weg zum Kisfaludy-Aussichtsturm (437 m). Auf der westlichen Seite kann man über die so genannte **Bujdosók-Treppe** (Treppe der Flüchtigen, der Heimatlosen, sie erinnert an den Rákóczi-Freiheitskampf gegen die Habsburger) das Westufer erreichen.

Die **St.-Emmerich-Kirche** (Balatontomaj, Fö u.) ist erbaut aus Basalt und erregte 1932 als erste Kirche aus diesem Baumaterial Aufsehen. Sie zeigt einen neoromanischen Stil und hat zwei 35 m hohe Türme. Auf der südwestlichen Seite des Berges steht seit 1857 in 400 m Höhe das nach einem Bischof so benannte Ranolder-Kreuz.

An den Balaton-Maler József Egry (1883–1951) erinnern ein **Gedenkmuseum,** sein ehemaliges Wohnhaus in der Egry sétány 12, eine Statue im Park vor dem Bahnhof und sein Grab auf dem Friedhof von Tomaj.

Der Rosenstein, ein runder dunkler Basaltbrocken, birgt eine hübsche Sage: Wer sich auf ihm mit seiner Auserwählten niederlässt, feiert noch im selben Jahr die Verlobung.

Museen

Egry-József-Kulturhaus/ Ausstellungsraum
Római u. 55; Tel. 87/471-169

Gedenkmuseum an den Maler József Egry
Egry József sétány 12; Tel. 87/431-140

Heimatmuseum
Tájház udvar

Pandora-Galerie
Római u. 54; Tel. 87/471-149

Szegedy-Róza-Haus
Wohnhaus im volkstümlichen Barockstil (Ende 18. Jh.), in dem der Dichter Károly Kisfaludy bei der Weinlese die 19-jährige Winzertochter Róza Szegedy kennen lernte. Heute ein Literaturmuseum.
Szegedy Róza u. 80; Tel. 87/430-906

Essen und Trinken

Halászkert Ètterem
Große Auswahl an Fischgerichten, dazu Zigeunermusik.
Park u. 5; Tel. 87/431-113 ★★★

Kisfaludy-Ház Ètterem
Barockes Kelterhaus (1790), in dem nicht nur der Weinausschank, sondern der weite Blick auf das Pannonische Meer Freude bereitet.
Szegedy Róza u. 87; Tel. 87/431-016 ★★★

Service

Auskunft
Tourinform Badacsonytomaj, Park u. 6; Tel./Fax 87/431-046; E-Mail: badacsonytomaj@tourinform.hu

Ziele in der Umgebung

Balatonudvari/Örvényes

■ A 7, S. 118

550 Einwohner

Neben lilafarbenen Lavendelfeldern liegt an der Landstraße zur Gemeinde Balatonudvari ein kleiner, stiller Friedhof, von Bäumen und Sträuchern umsäumt – der **Herzfriedhof**. Die herzförmigen Grabsteine aus dem 18. Jh. wahren die Erinnerung an die Toten und sind auf der Welt einzigartig. Der Steinmetz des Dorfs stellte in seinem Kummer – die geliebte Braut war im Balaton ertrunken –

! MERIAN-Tipp

Kuria Étterem Ein wenig außerhalb von Badacsony, aber gar nicht zu übersehen, liegt am Nordhang des Pannonischen Meeres ein Landhaus mit auffälligen gelben Sonnenschirmen. Die steile Anfahrt lohnt: Man erreicht oben in den Weinbergen ein einfaches Restaurant, gelegen inmitten von Rebstöcken, umstellt von Weinfässern, ein leichter Feldwagen wie abfahrbereit am Weg, eine große Wiese, darauf ein weit ausladender Walnussbaum. In diesem kleinen Restaurant (bei Regen nur sechs Tische innen!) werden köstliche Palatschinken mit Topfen, leicht mit Zitrone abgeschmeckt, und ein Gundel-Palatschinken mit Nussfüllung und Schokosoße gereicht! Vorher gab es zum weiten Blick über den Balaton eine Gänseleberpastete und dazu trockener »Grauer Mönch« – das ist die Welt Lukulls, Bacchus' und Pannoniens in einem! ■ D 2, S. 116

ein steinernes Herz auf ihren Grabhügel. Daraus wurde eine Mode, der Steinmetz war um Aufträge, solange er den Meißel führen konnte, nicht mehr verlegen.

Beide Dörfer, Balatonudvari wie Örvényes, laden Gäste ein, die Ruhe, einen guten Wein oder Wanderungen in die unversehrte und gesunde Natur der umliegenden Hügellandschaft schätzen. Der Gang über die Dorfstraße von Udvari bietet einen Blick auf die traditionellen Häuser, der Strand aber ist das Herzstück.

Hotels/andere Unterkünfte

Express Rt. Balaton Üdülöfalu
Im Ortsteil Fövenyes liegt dieses Großhotel mit 320 Betten und einem guten Angebot: Parkplatz, Restaurant, Pub, Weinstube, Café, Bar, Park, Strand und Wassersport.
Fövenyes; Tel. 87/449-375 oder Tel./Fax 449-244; 160 Zimmer ★★★★

Sonnenhaus Panzió
Nur wenige Zimmer (5), aber dafür – auf Wunsch – Reiseleitungen zu den schönsten Stellen des Plattensees.
Füzfa u. 22; Tel. 30/281-6456; 10 Betten ★

Sehenswertes

Nach dem unabdingbaren Gang über den **Herzfriedhof** (in einer Ecke liegt übrigens, hinter Büschen versteckt, ein kleines jüdisches Grabmal) kann man sich in Balatonudvari die **St.-Emmerich-Kirche** anschauen, sie ist zwischen 1778 und 1783 errichtet worden. Das Haus Nr. 38 von 1887 ist ein gutes Beispiel für die damals beliebte Art zu bauen.

Am Ortseingang des Nachbardorfes Örvényes liegt neben einer doppelbögigen alten Brücke am Pécsely-Bach und der mittelalterlichen Kirchenruine eine alte **Wassermühle** (→ Museen).

Museen

Obere Wassermühle und Mühlenmuseum
Die heute noch funktionstüchtige Mühle wurde schon 1211 erwähnt und im 18. Jh. technisch erneuert. Ein Müller führt täglich von 9 bis 16 Uhr durch Mühle und Museum.
Örvényes, Imre u. 1; Tel. 87/449-360

Essen und Trinken

Laci Pince Csárda M
Ein wenig abseits der Nationalstr. 71 kann man auf der großen Aussichtsterrasse, im schilfgedeckten Haus oder im kühlen Weinkeller ganz im Geiste Lukulls genießerische Stunden verleben!
Öreghegy; Tel. 87/449-822

Service

Tourinform Tihany
Kossuth Lajos u. 20; Tel. 87/448-804, Fax 438-016; tihany@tourinform.hu

Aszófő ■ A 7, S. 118

Aszófő empfiehlt sich nicht nur mit der denkmalgeschützten Kellergasse, sondern auch mit der klassizistischen St.-Ladislaus-Kirche von 1834 (Empire-Kanzel, Altarbild) sowie einer Kirchenruine (13. Jh.). Der sehr kleine, einfache Gasthof **Nádas Csárda** mit Restaurant, Café, Parkplatz bietet sich als Unterkunft an (Hunyadi út 2; Tel. 87/445-036; 5 Zimmer).

Pécsely ist ein Ausflugsziel wegen des Holzpfahl-Friedhofes, den denkmalgeschützten Press- bzw. Kelterhäusern und weiteren historischen Bauten der Volksarchitektur.

Klára-Puszta wird nach einer Fahrt durch das malerische Pécsely-Becken zwischen Tihany und Pécsely erreicht. Dort liegt auch das Reiterhotel **Csikos** mit Turnieren, Springreiten usw. (www.hotels.hu/ciskós-lovadudvar).

Das bedeutendste Geschenk

der Natur am Pannonischen Meer ist die Halbinsel Tihany, seit 1952 ein Naturschutzgebiet.

Halbinsel Tihany

■ A 7, S. 118

1800 Einwohner

Die Landzunge von Tihany reicht weit über fünf Kilometer in den See hinein. Vom sanften Hügel über Tihany, von der Hochfläche bei der Abtei, blickt man über **Lavendelfelder**: neben dem graugrünen »ungarischen Meer« ein lilafarbenes Blütenmeer. Der aus Frankreich hierher verpflanzte Lavendel gedeiht prächtig – und zwar nur hier, auf diesem windstillen, sonnigen Landstrich mit den kalkhaltigen Böden.

Im Juli ist Erntezeit, die Mädchen schneiden die lila Blüten mit Sicheln, und ein Büschel nehmen sie mit nach Hause; die Blüten werden getrocknet und in den Wäscheschrank gesteckt. Darum duften Frauen und Mädchen aus Tihany und Umgebung das ganze Jahr über nach Lavendel. Die jungen Männer dagegen heiraten meistens Mädchen aus ganz anderen Gegenden: Sie können den Lavendel nicht mehr riechen!

Ein wunderschöner Anblick dieses sicher am stärksten besuchten Ortes am Balaton mit seiner von der Natur außerordentlich begünstigten Lage ist die vorspringende Halbinsel. Und das zu jeder Jahreszeit: blühende Mandelbäume im Frühling, üppige Vegetation im Sommer, herbstliche Farborgien, wenn die Perückenbäume knallrot »tragen« und die Herlitzensträucher ein dunkelrot-violettes Kleid anlegen, das sich mit den Tupfern der dann gelbbraun gewordenen Blumeneschen und Flaumeichen ver-

Die mit üppiger Vegetation bedeckte Halbinsel Tihany lässt bisweilen ans Mittelmeer denken.

mischt. Schon von weitem, ganz gleich ob man sich der Insel mit der Fähre von Szántód (am südlichen Ufer) oder mit dem Rad oder Auto auf der Straße nähert – die Halbinsel mit den malerischen Höhenzügen und der von weithin sichtbaren **Abteikirche** mit ihrem Doppelturm ist ein Muss für Freunde der Kirchenkunst, Architektur und Natur.

Um den Künstler des kunstvoll geschnitzten Gestühls (1760) der Abteikirche, Sebastian Stulhoff, rankt sich eine Legende: Durch einen tragischen Todesfall verlor er seine junge Braut und verbrachte daher den Rest seines Lebens als Laienbruder in der Abtei und schnitzte die Einrichtungsstücke. Der rechte, am Altar kniende Engel soll die Gesichtszüge seiner Geliebten tragen.

An stillen Abenden kehrt sogar das Echo von Tihany zurück. Und so gewinnt der Verkauf der **Ziegenhufe** von Kindern an jeden Fremden auf Tihany an Bedeutung. Denn ob man will oder nicht, man erfährt eine Sage: »Es war einmal eine wunderschöne Fee. Ihre Ziegen, deren Haare aus purem Gold waren, trieb eine böse Hexe in den Balaton. Die Tiere ertranken, doch seither wirft der See ihre Hufe aus ...« – dreieckige Steinchen, die an Ziegenhufe erinnern: versteinerte Congeria-Muscheln aus dem Meer, das einst hier wogte.

Die Hexe aber scheint sich aus dem Staub zu machen, denn das berühmte **Echo von Tihany** wird immer schwächer, droht ganz zu verschwinden. Alles ist verdächtig: zu hohe Bäume, neue Häuser, Hotels, die Abteikirche. Und natürlich die Touristen, der Lärm.

Aber, wie gesagt, an stillen Abenden kehrt das Echo zurück. Der Autor selber hörte, wie ein junger Mann auf der Promenade des Echohügels rief: »Ich liebe dich.« Das Echo, mit einer Mädchenstimme, antwortete: »Ich liebe dich.« Trotz Lavendel ...

Hotels/andere Unterkünfte

Club Tihany
Gleich neben dem Fähranleger mit 500 m langem eigenem Strand, Pool, Kurzentrum, Thermalquelle, Beautyfarm, Sportanimation.
Rév u. 3; Tel. 87/538-563, Fax 448-083; www.hotels.hu/clubtihany-hotel; E-Mail: clubtihany@mail.matav.hu; 160 Bungalows, 330 Zimmer ♿ ★★★★

Kastély Hotel
Schlossähnliche Villa am Ufer (1926 von Erzherzog Josef von Habsburg errichtet), daneben das **Parkhotel**.
Fürdötelepi u.1; Tel. 87/446-611, Fax 448-409; www.hotelfüred.hu; 25 bzw. 36 Zimmer ★★★

Panorama Hotel
Mittelgroßes Haus mit Restaurant, Garten, Strand, Sportmöglichkeiten.
Lepke sor 11; Tel. 87/448/797, Tel./Fax 448-494; E-Mail: zombor@mail.datanet.hu, www.hotelshu/panorama-tihany; 36 Zimmer ★★★

Strand Hotel M
Einfaches Haus: Parkplatz, Restaurant, Café, Bar, Garten, Strand, Sportangebote.
Fördötelepi u. 1; Tel. 87/448-611, Fax 448-409; E-Mail: hotel.fured@matavnet.hu, www.hotelfured.hu; 21 Zimmer ★★

Spaziergang

Die meisten Besucher kommen mit der Fähre und legen im Fährhafen an, erobern Tihany also zu Fuß, da nur – gemessen an mehr als 30 000 Besuchern pro Tag – wenige Parkplätze zur Verfügung stehen! Direkt neben dem Jachthafen liegt das Strandbad. Ein schöner Spazierweg ist der **Lóczy-Lehrpfad**, er führt von der Kirchenruine von Apáti (hier findet man ein Hinweisschild mit Informationen) zu den Hügeln Csus-hegy, Nyereg-hegy, zum Geysirfeld und aufs Kiserdö-Plateau, den Rest des Kalderarandes zwischen Äußerem See und Innerem See. Der Innere See »Belsö-tó« in einem vulkanischen Krater (Anglerparadies!) liegt 25 m über dem Balaton. Der Äußere See »Külsö-tó« gehörte früher bei hohem Wasserstand zum Balaton, nach Senkung des Pegels ist das Wasser nur in den Vertiefungen geblieben. Wegen des geringen Wassernachlaufs setzte eine Versumpfung ein. Hier leben zahlreiche seltene Vogelarten. Für diesen Weg ist eine Wanderkarte (erhältlich bei Tourinform) empfohlen!

Sehenswertes

Abteikirche

Die Stiftungsurkunde der Abtei aus dem Jahr 1055 ist die erste Schrift, 5 die im lateinischen Text bereits mehrere ungarische Wortverbindungen und einen ungarischen Satz aufweist. Diese Urkunde ließ König Andreas I. ausfertigen, dessen Grab sich in der Unterkirche der Abtei – in der jahrhundertealten romanischen Krypta – befindet. Es ist das einzige unversehrt gebliebene ungarische Königsgrab. Im Jahr 1055 wollte König Andreas, der auch die Benediktinerabtei Tihany gründete, die Klosterkirche zur Begräbnisstätte aller ungarischen Könige machen.

Die heutige Abteikirche selbst ließ der Abt Ágoston Lécs von 1719 bis 1754 auf den alten Fundamenten bauen, die Innenausstattung ist ein Werk des Tiroler Schnitzers Sebastian Stuhlhof, der ein Vierteljahrhundert daran arbeitete und ebenfalls hier begraben wurde. Die Fresken in der Kirche stammen von Lajos Deák-Ébner und anderen ungarischen Künstlern. Wertvollster Teil der Abteikirche ist die Kanzel mit den Statuen der Kirchenväter. Von der historischen Orgel aus dem Jahr 1764 wurde nach Kriegsbeschädigungen bei der Restauration nur noch der 230-jährige Orgelprospekt verwendet. Das ehemalige Abteigebäude dient seit 1994 teils sakralen Aufgaben, teils als Museum. Auf dem Platz vor der Kirche steht eine Andreas-Statue (Imre Varga).

Die Umgebung der Abtei bietet schöne Blicke auf die verschiedenen malerischen, denkmalgeschützten Häuser, zum Teil mit Schilf gedeckt und mit Malereien versehen.

Innerer Hafen/Jachthafen

An der Ostseite der Halbinsel liegen der Jachthafen sowie die Dampferanlegestelle, im Süden wurde der Hafen für die Fähren von Szántód angelegt. Von hier aus fährt auch ein Bähnchen zur Abteikirche ins Zentrum hinauf. Neben dem Jachthafen liegt das sehr schöne Strandbad.

Kratersee

Im Norden der Insel und unterhalb des Ortes liegen die beiden Kraterseen: »Külsö-tó« (der Äußere See) und »Belsö-tó« (der Innere See), deren Umgebung im Frühjahr wie ein blauer Teppich wirkt (Wanderkarte!).

! MERIAN-Tipp

Wiederkommen zur nächsten Sonnenfinsternis heißt es für den passionierten Weinliebhaber! 5000 Flaschen Wein sind am 11. August 1999 im Keller der Abtei von Tihany eingemauert worden – »Lämmerschwanz« aus Somló. Beim kommenden Naturschauspiel wird der Schatz ans Tageslicht geholt und »vertrunken«. Man sollte sich allerdings davor hüten, in (ungeschwefelten) Plastikkanistern etliche Liter mitzunehmen – das wird eine einzige schimmelige Enttäuschung!

Oben: Zwei modern gestaltete Skulpturen – für König Karl und Königin Anastasia (Király und Anasztázia).

Mitte: Auch das ist Tihany – Touristenströme, die sich vom Hafen her in die Altstadt wälzen, während es unten am Kratersee oder im Naturschutzgebiet eher still ist.

Unten: In der Batthány Lajos utca stehen die Häuser des Freilichtmuseums, gebaut aus grauem Basalttuff, darunter das Haus der Fischerzunft sowie ein Töpfer- und Bauernhaus mit Originalgegenständen.

Mönchszellen
Die einzig erhaltenen Einsiedeleien in Mitteleuropa sind die in den 20 m hohen Basalttuff geschlagenen Zellen; seit dem Einsturz des Jahres 1952 sind nur noch wenige Zellen zugänglich.

Óvár
1970 entdeckte man eine Erdburg mit Hügelgräbern der einstigen Fürsten der Erdburg. Die Funde liegen am Südhang des Erdschanzsystems. (Wanderkarte!)

Museen

Abteimuseum
Exponate zur Geschichte des Plattensees, der Halbinsel Tihany und der Abtei (u.a. Kopie der Gründungsurkunde des Klosters).
András tér 1; Tel. 87/448-068; Apr.–Okt. tgl. 10–16.30, Nov.–März tgl. 10–15, Mai–Sep. tgl. 9–17.30 Uhr

Freilichtmuseum
Die Häuser des Freilichtmuseums bestehen aus hiesigem grauen Basalttuff, der heute nicht mehr abgebaut wird, u. a. das Haus der Fischerzunft, ein Töpfer- und Bauernhaus mit Originalgegenständen.
Batthány Lajos u. 20; Tel. 87/438-960; Di–So 10–18 Uhr

Puppenmuseum
Ausstellung von 250 Puppen und Spielzeug.
Visszhang u. 4; Tel./Fax 87/448-431; Mai–Sep. tgl. 10–19, Okt.–Apr. 10–17 Uhr

Essen und Trinken

Ferenc Pince Csárda M
Die Csárda liegt auf halber Berghöhe und bietet einen herrlichen Blick von der Terrasse. Weinkeller von 1831. Küche empfehlenswert.
Cserhegy u. 9; Tel. 87/448-575; www.restaurantguide.hu/ferenc ★★

Oazis
Unter Oleander und Geranien wird dieses Restaurant oberhalb des Inneren Kratersees zu einem wunderbaren Rastplatz für Leib und Seele.
Major út 47; Tel. 87/448-063 ★★

Rege Cukrászda
Ebenfalls eine Traumaussicht von der Terrasse der Konditorei in einem ehemaligen Wirtschaftsgebäude des Klosters bei Kaffee und Kuchen.
Kossuth Lajos u. 22; Tel. 87/448-280 ★

Einkaufen

Vom großen Parkplatz auf der Nordseite muss sich der Besucher durch eine Gasse von Ständen und Buden schieben. Sie bieten einen bunten Reichtum an **Souvenirs**, so etwa das Paprikahaus am Fuß der Abteitreppen (Kossuth út 16). Eher anspruchsvoll sind die Arbeiten der Keramikkünstlerin Lydia Barth in der Batthyány utca 26.

Am Abend

Orgelkonzerte in der Abteikirche mit ihrer ausgezeichneten Akustik finden im Sommer statt. Auch die Freilichtbühne bietet im Sommer ein abwechslungsreiches Programm mit zahlreichen Folklore-, Musik- und Unterhaltungsveranstaltungen (Infos bei Tourinform).

Service

Tourinform
Kossuth Lajos u. 20; Tel. 87/448-804, Fax 438-016; E-Mail: tihany@tourinform.hu

Medizinischer Notdienst für Touristen
Poliklinik Balatonfüred, Csárda u. 1; Tel. 87/342-632

Taxi
Balatonfüred: Árpád 06-30/9-169-169

Die Atmosphäre der Belle Époque an einem der schönsten Plätze im Balatoner Oberland spiegelt der Klimakurort und älteste Badeort am »Pannonischen Meer« wider.

Balatonfüred ■ A 6, S. 118

3500 Einwohner
Stadtplan → S. 51

Balatonfüred (von *fürjes hely* = Orte mit Wachteln) muss sich mit dem häufig verwendeten Beinamen »Italienische Riviera« gar nicht schmücken – das hier ist eine »Plattensee-Riviera«! Die kohlensäurehaltigen Quellen üben eine wohltuende Wirkung bei Herzkrankheiten und Störungen des Blutkreislaufs aus, Trinkkuren helfen bei Leber- und Darmkrankheiten. Und für den Heilerfolg spricht das Seeufer: Prominente geheilte Patienten setzten dort die Bäume für die **Gedenkallee**; der Erste war der indische Dichter Tagore, er begründete 1926 diesen schönen Brauch. Ihm folgte die indische Politikerin Indira Gandhi nach. Im Arkadenumgang des alten Sanatoriums sind Gedenktafeln von Dichtern und Denkern angebracht, die hier geheilt wurden. Vor allem Mór Jókai, an den ein Gedenkmuseum erinnert, hinterließ bis ins hohe Alter von 84 Jahren seine heute noch (in deutscher Sprache) verlegten und lesenswerten Romane über die große Geschichte Ungarns zwischen 1800 und 1900.

Im Jahr 1772 erlangte Füred den Status eines **Heilbades** und entwickelte sich besonders im 19. Jh. zu einem Kurort für die Hautevolee des Landes. Aus Protest gegen die Habs-

Die »Plattensee-Riviera« mit einem Seeufer, an dem geheilte prominente Patienten die Bäume für eine Gedenkallee pflanzten.

burger gab es hier 1831 das erste Theater mit ungarisch aufgeführten Werken. Auf Graf Széchenyi geht die Entwicklung Füreds zum anerkannten Herzzentrum zurück; am Gyógy-Platz steht heute die Klinik, in der alljährlich etwa 10000 Patienten, darunter zahlreiche Gäste aus dem Ausland, behandelt werden.

Jetzt eine Kaffeepause? Bitte, gleich: in der **Kedves Cukrászda**, der »lieben Konditorei«, in der sahnige Tortenschlachten geführt werden können! Oder dieser leichte, lockere Baumkuchen, der in einer schlichten Holzbude am See verkauft wird, lockt zwar Schlangen von Menschen, aber auch immer wieder den Gaumen.

Ein anderer Schriftsteller, Victor Tasso, schrieb 1880 in seinem Buch *Das unbekannte Ungarn*: »Der Reiz, die Anmut, die Süße der Nächte von Füred sind vergleichbar mit den herrlichen Nächten von Verona, Neapel oder Florenz«. Den **Annenball** im Juli sollte man – während eines Aufenthaltes – nicht versäumen. 1825 gab die Familie Horváth für die Tochter Anna einen Ball. Als dann abends die Kapelle eines berühmten Zigeunerprimás aufspielte, glitzerten die Perlen, rauschten die langen Seidenkleider, klirrten die Sporen der Husaren. Natürlich lernte das Fräulein Anna ihren Zukünftigen kennen.

Der Ball wurde zur Tradition; noch heute kommen selbst von Übersee die jungen Damen, um den Titel »Schöne des Annenballs« und den damit verbundenen goldenen Apfel zu erringen. Davon schwärmte schon der Publizist Géza Baróti: »Füreder Annenball – zwei Worte, die Musik haben, eine süße und heiße Melodie wie der wirbelnde Csárdas, ein festlicher Rhythmus wie die Mazurka, ein Liebestaumel wie der Walzer, auf dem die Paare rauschen wie der Thymianduft auf dem Laub der Uferplatanen im Abendwind!« Heute ist die Veranstaltung ein Muss für alle, die in Ungarn Rang und Namen haben, inzwischen sogar für viele ausländische Gäste.

Hotels/andere Unterkünfte

Annabella Hotel ■ f 3
Großhotel 50 m vom Strand mit bekanntermaßen gutem Service schon seit den Zeiten des real existierenden Sozialismus: ob bei Gastronomie oder Wassersport. Eigene Tennisplätze.
Deák Ferenc u. 25; Tel. 87/342-222, Fax 343-084; www.danubiusgroup.com/annabella; 388 Zimmer ★★★

Hotel Blaha Lujza ■ d 2
Wo sich schon die »Nachtigall der Nation« wohl gefühlt hat, muss es einem heutigen Gast gefallen: 300 m vom Balaton in der Innenstadt, klassizistische Villa, ausgewählt schicke Einrichtung, Parkhof, Sauna, Solarium, Fitness.
Blaha Lujza út 4; Tel. 87/581-210, Fax 581-219; E-Mail: hotelblaha@matavnet.hu, www.hotelblaha.hu; 22 Zimmer ★★★

Hotel Flamingó ■ b 3
Neues, elegantes Privathotel mit eigenem Strand und Badesteg. Schwimmhalle innen, Restaurant, geschmackvolle Zimmer.
Széchenyi u. 16; Tel./Fax 87/353-707; E-Mail: hotelfla@matavnet.hu, www.hotels.hu/flamingo-bfüred; 61 Zimmer ★★★

Kastély Panzió ■ e 1
Einfache Pension an der sehr lauten Durchgangsstraße, aber im Hinterhof. Freundliche, aufmerksame Bedienung, gutes Frühstück.
Petőfi Sándor u. 42; Tel. 87/343-425, Fax 481-026; 6 Zimmer ★★

Spaziergang

Von der Schiffsanlegestelle erreicht man schnell die entlang des Balaton verlaufende breite, sehr gepflegte, fast 2 km lange **Strandpromenade.** Sie wird gesäumt von sieben Reihen weit ausladender Platanen, die zu einem erholsamen Bummel der besonderen Art verführen – ob morgens, mittags oder abends.

Die hellen Kies- und Plattenwege ziehen sich bis an das östliche Ende zum Großrestaurant **Borsca** mit Terrasse zur Promenade und zum See und weiteren gastronomischen Einrichtungen aus. Auf der Seeseite geht der Blick über das Strandbad zum Wasser.

Zurück kann man durch den **Skulpturenpark** vor dem Hotel Annabella spazieren, dann weiter über den Gyógy-Platz mit dem Brunnenhaus (1800) der **Kossuth-Lajos-Quelle.** Wer will, flaniert weiter durch den Fenyves Park (mit den sechs Säulen des ehemaligen ersten Theatergebäudes Transdanubiens) oder durch die Honved utca bzw. Zsigmond utca, dort stehen rechts und links die hübschesten Villen der »Belle Époque«, u. a. das **Mór-Jókai-Haus** (→ rechts und Museen) und das **Horváth-Haus** (→ unten).

Sehenswertes

Blaha-Lujza-Villa ■ d 2
Klassizistische Sommervilla der »Nachtigall der Nation« (1867).
Blaha Lujza u.

Horváth-Haus ■ d 2
Hier wurde 1825 der erste Annenball veranstaltet, aber es gab auch hitzige politische Debatten zur Unabhängigkeit und ebenso rauschende Feste. Der Bau entstand 1798 und wurde 1843 nach einem Brand im spätklassizistischen Stil wieder aufgebaut.
Ady Endre u. 13

Kerektomplom ■ d 2–3
Einzigartige Rundkirche des Spätklassizismus, 1841–1846 nach Plänen Antal Fruhmanns mit dem Vorbild des römischen Pantheon. Das Hauptaltarbild im Innenraum stammt von Henrietta Kärgling.
Blaha Lujza u.

Mór-Jókai-Haus ■ d 2
1870 im früheklektischen Stil für den Schriftsteller Mór Jókai gebaut, der 1857 erstmals in Füred weilte. 20 Sommer hindurch war es im Besitz des Schriftstellers, hier schrieb er sein Buch *Der Goldmensch*. Leider brach mit dem Tod seiner Lebensgefährtin Róza Laborfalvi seine Beziehung zum Plattensee völlig ab – im Jahr 1886 verkaufte er sein Füreder Zuhause. 6
Honvéd u. 1

Oberer Stadtteil nordwestlich ■ c 1
Am Fuß des 316-m-Hügels Tamáshegy mit der eintürmigen »Weißen Kirche« (ev.-ref.) und der »Roten Kirche« (kath.) gelegen. Die Kossuth utca säumen denkmalwürdige Häuser, u. a. das »Gombás-Herrenhaus« (Mitte 18. Jh.).

Pantheon ■ e 2
Ein Gebäude hinter der Kossuth-Quelle mit Arkadengang, das Gedenktafeln von Persönlichkeiten birgt, die sich im 19. und frühen 20. Jh. um Füreds Entwicklung verdient gemacht haben. Nebenan das Hotel **Árkád** mit einem Saal im prächtigen Dekor des 19. Jh.
Gyógy tér

Schloss Ferenc Széchényl
Im Jahr 1782 eingeweiht, beherbergt dieses Schloss im Ortsteil Széchény seit 1982 eine Gartenbauschule mit einem modernen zweistöckigen Bau. In der Mitte des Grundstücks befinden sich noch drei weitere Gebäude; das mittlere demonstriert das bauliche Schaffen der früheren Jahrhunderte mit einer Terrasse, die von schlanken Säulen gehalten wird.
Hősök tér 1

Staatliches Krankenhaus ■ e 2
Ein gewaltiges bauliches Meisterwerk des 19. Jh., das jetzt an der Stelle der alten Badehäuser steht.
Gyógy tér 2

Trinkhalle ■ e 2
Am Gyógy tér liegt dieses auf zwölf Säulen ruhende Brunnenhaus mit dem frei zugänglichen Wasser.

Museen

Art-East-Galerie ■ d 2
Blaha Lujza u. 9; Tel. 87/343-229, Fax 343-092; im Sommer Di–So 14–20 Uhr, sonst Fr–So 13–18 Uhr

Mór-Jókai-Museum ■ d 2
Ständige Ausstellung über Leben und Werk des größten Märchenerzählers und Schriftstellers Ungarns (Möbel, Briefe, Bilder).
Honved u. 1; Tel. 86/343-426; März–Okt. Di–So 10–18 Uhr

Städtische ortshistorische Sammlung nordwestlich ■ c 1
Arany János u. 12; Tel. 87/340-744, Fax 341-362; ganzjährig Mo, Mi, Fr 10–18 Uhr

Essen und Trinken

Restaurant Blaha Lujza MMM ■ d 2
Ausgefallen schönes Ensemble: die ehemalige Villa der »Nachtigall der Nation«. Die berühmte ungarische Primadonna der Jahrhundertwende wohnte hier 23 Jahre lang.

Heute präsentiert das Restaurant (und Hotel) hinter einem Portikus mit überdachter Terrasse elegante Räume und exzellente Gerichte. Einige Empfehlungen: in Wein gedünsteter Fladenfisch, Spinatroulade mit Sauce béarnaise, Lendensteak »Blaha Lujza« mit Königskrebsschwänzen und Früchten.
Blaha Lujza u. 4; Tel. 87/581-210
★★★★

Bergmann Café ■ d 2
Typisch habsburgisches Ambiente, historische Fotos aus der alten Konditorei, vor allem der k.u.k.-Service. Geschmackvolles Interieur mit klassischen Polstermöbeln, mit Intarsien geschmückte Tische, dazu reiches Kuchenangebot, zum Kaffee nach Wiener Sitte ein Glas Wasser.
Zsigmond u. 1; Tel. 87/482-763 ★

Hordó Csárda/Baricska Csárda ■ a 2
Zwei vor den Toren von Füred einander gegenübergelegene Landgasthöfe. Moderner die Hordó Cs. mit großer Gartenterrasse, unter mächtigen Bäumen und mit vielen Nebenräumen die Baricska Cs. Programme: Bauernhochzeit, Folklore- und Weinleseprogramm, Zigeunermusik, dazu landestypische Gerichte und Weine.
– Hordo Cs.; Tel. 87/482-017, Fax 481-780
– Baricska Cs.; Tel. 87/343-105, Fax 340-076; beide: ★★

Kedves Café ■ d 2–3
In einem Café mit barockem Tonnengewölbe werden Torten und Eiscreme angeboten.
Blaha Lujza u. 7; Tel. 87/343-229 ★

Stefánia Vitorlás Étterem ■ d 3
Direkt am Seeufer gelegen. Saubere, moderne Gaststätte mit einem ordentlichen Preis-Leistungs-Verhältnis.
Tagore sétány 1; Tel. 87/343-407 ★★

Terasz Étterem ■ d 3
Herrliches Terrassenrestaurant in unmittelbarer Nähe des Ufers in einem großen Park; niveauvolles Speise- und Getränkeangebot.
Zákonyi u. 5; Tel. 87/342-462, Reservierung unter Tel. 30/251-4058 ★★★

Einkaufen

Strandpromenade mit vielen Souvenirshops, an deren 30 Ständen man von der Salami bis zu Stickereien nahezu alles einkaufen kann.

Balatonfüred
0
300 m
Balaton
Hafen
Csopak
Arács
Keszthely
Lóczy Lajos u.
Petőfi Sándor u.
Deák Ferenc u.
Babits Mihály
Helka u.
Fáy A. u.
Madách Imre u.
Vaszary Gábor u.
Kastély Panzió
Társasház u.
Németh L. u.
Mikes Kelemen u.
Annabella Hotel
Szabadság u.
Erkel Ferenc u.
Seta u.
Nádor u.
Kis-erdő (Fenyves-park)
Trinkhalle
Kossuth Lajos
Pantheon
Staatliches Herz-Krankenhaus
Horváth Haus
Hotel Blaha Lujza
Art-East-Galerie
Kedves Café
Stefánia Vitorlás Étterem
Tagore sétány
Bergmann Café
Móricz Zsigmond u.
Eötvös K. köz
Csók u.
Jókai Mór u.
Mór-Jókai-Villa, Museum
Kerekemplom
Honvéd u.
Terasz Étterem
Zákony Ferenc u.
Tourinform Balatonfüred
Ady Endre u.
Árpád u.
Vörösmarty M. u.
Széchenyi u.
Ecsy L. u.
Borsos M. u.
Gábor Á. u.
Dobó István u.
Horváth Mihály u.
Kéthy Károly
Jánós u.
Bahnhof
Castricum tér
Endrődi Sándor u.
Städt. ortshistorische Sammlung, Oberer Stadtteil
Bem József u.
Flamingo Hotel
Garay
Vincellér u.
Mikszáth Kálmán u.
Koztársaság u.
Hordó Csárda/ Bariscka Csárda
a
b
c
d
e
f
1
2
3
6
©MERIAN-Kartographie

Bútoráruház
Espen- und Teakholzmöbel.
Kossuth u. 2; Tel. 87/480-824

Diesel ■ d 2
Einkauf besonders für junge Leute: Shirts, Levi's-Jeans, Mützen, Hemden.
Blaha Lujza u. 5

Maya Textil und Geschenke
Kossuth u. 2; Tel. 87/204-3213

Am Abend

Dé ja vu Night-Club ■ c 3
Besonders für heiße Diskonächte und unermüdliche Tänzer!
Zákanyi Ferenc u. 8; Tel. 30/9-969-969

Galéria diszkó, Wagner diszkó, Columbus Club disco ■ c 3
Diese Diskos liegen gleich am Ufer.
Zákonyi Ferenc u. bzw. Honvéd u.

Klassik und Operette
Von Juni bis September finden klassische und Operettenkonzerte im Theatersaal des Hotels Árkád statt.

Tagore sétány
Abend für Abend wird im Sommer die Strandpromenade zur Bühne für bunte und fröhliche Events mit Tanz.

Service

Tourinform Balatonfüred ■ d 2
Petőfi u. 68; Tel. 87/580-480, Fax 580-481; E-Mail: balatonfured@tourinform.hu, www.balatonfured.hu

Medizinischer Notdienst für Touristen
Poliklinik, Csárda u. 1; Tel. 87/342-632

Taxi
Árpád 06-30/9-169-169

Schifffahrt
Ausführliche Hinweise zur Balaton-Schifffahrt: Tel./Fax 87/342-230

Ziele in der Umgebung

Koloska-Tal ■ A 6, S. 118

Nördlich des Ortsteils Balatonaracs findet der geologisch Interessierte das Koloska-Tal, das von dem 345 m hohen Péter-hegy überragt wird. Hier lag in Urzeiten das einstige Pannonische Meer; Sedimentschichten dieser Zeit hat der Bach der Koloska-Quelle freigelegt. Der Weg führt zum Jókai-Aussichtsturm.

Nach einem Streifzug durch dieses ideale Wanderrevier (761 ha großes Naturschutzgebiet) mag man im Gasthaus **Koloska** einkehren oder eine Reitstunde nehmen (Koloska Csárda, Koloska völgy; Tel. 87/703-037; www.miwo.hu/koloska ★★)

Sehenswertes

Balácapuszta ■ A 6, S. 118
Von der Landstraße 73 nach Veszprém links abbiegen zur archäologischen Ausgrabungsstätte, bei der 1906 Grundmauern einer einzigartigen Villensiedlung aus der Römerzeit gefunden wurden. Die Archäologen haben inzwischen 35 bis 40 Haupt- und etwa 100 Nebengebäude freigelegt, die Arbeiten dauern an.

Lóczy-Höhle ■ A 6, S. 118
1882 entdeckt und 1934 ausgebaut, 120 m lang mit schönen abwechslungsreichen Formationen.
3 km nördlich von Balatonfüred; Führungen: Tel. 87/580-480, Fax 580-481

Csopak ■ B 6, S. 118

1500 Einwohner

Der Weg zwischen den Weingärten von Csopak öffnet den Blick auf Hunderte von weiß schimmernden Häuschen am Südhang der Hügelkette. Kleine Bauerngehöfte? Aber es gibt keine Ställe. Dafür Grüfte, Keller? Nein, es sind **Kelterhäuser**; Weinkeller mit kleinen Stuben davor. Ein Ort zum Nachdenken, zu einem Plausch der Männer, die mit dem Stock in der Hand und dem Leinensack auf der Schulter – drin ist die Flasche – hinaufsteigen, um Wein zu holen. »Kellertrunk« – immer schon war das ein vergnügliches Unterfangen.

Die Kelterhäuser mit den Probiermöglichkeiten von Csopak müssen ohne Einschränkung empfohlen werden: Eine **Weinprobe** mit den besten Balatonweinen wie dem Olaszriesling und dem Furmint kann zum »unvergesslichen« Erlebnis werden. Allein die Atmosphäre in einem dieser in den Berg getriebenen Keller mit den vielen alten Holzweinfässern ist für eine Verkostung den Besuch wert. Die Herzen erwärmen sich am milden Wein, den der Weinbauer behutsam aus dem langen Heber in den Krug fließen lässt. Aus dem Keller schwingt sich das Lied hinaus, Gedanken und geistreiche Scherze sprühen unter dem Nussbaum vor dem Keller ihre Funken um den Krug auf dem Mühlsteintisch. Man sollte sich allerdings davor hüten, in (ungeschwefelten) Plastikkanistern etliche Liter mitzunehmen – das wird eine einzige schimmelige Enttäuschung!

Hotels/andere Unterkünfte

Petrol Hotel
Mittelgroßes Hotel mit Restaurant, Café, Bar, Hallenbad, Parkplatz.
Ökény sétány 1; Tel./Fax 87/446-410; www.molhotels.hu; 49 Zimmer ★★★

Sehenswertes

Ev.-ref. Kirche
Die Kirche aus dem 13. Jh. in der Mitte des Dorfes wurde im 18. Jh. umgebaut, behielt aber dennoch ihren mittelalterlichen Charakter. Jetzt spätbarocke Hallenkirche von 1803 mit dreigeteiltem Gewölbe.
Paloznaki u. 2

Kellereigebäude
Klassizistischer Bau (18. Jh.), fasst 1800 bis 2000 Hektoliter Wein.
Arany J. u. 3

Ranolder-Villa
1860 nach romantischen Vorbildern erbaut, ältestes herrschaftliches Sommerhaus. Der Park der Villa ist ein kleiner botanischer Garten mit wertvollen Nadelbäumen.
Kishegyi út 13,

Zierbrunnen
Der Brunnen in Strandnähe lässt kohlensäurehaltiges Wasser fließen und wird nicht nur gegen Verdauungsprobleme, sondern auch zur Verdünnung des hiesigen Weines (Spritzer, Gespritzter) empfohlen.

Museen

Csopak-Galerie
Kossuth Lajos u. 53; Tel. 87/446-250; Juni–Sep. tgl. 10–12, 17–20 Uhr

Heimatmuseum in Polosznak
In einem 200 Jahre alten, mit Schilf gedeckten Bauernhaus.
Palosznak (ca. 2 km von Csopak), Fö u. 6; Di–So 15–20 Uhr.

Essen und Trinken

Dobó Vendéglö
Im Ortszentrum mit schöner Terrasse und lokalen Spezialitäten.
Kussuth u. 103; Tel. 87/446-425 ★★

Malom Csárda (Mühlen Gasthof)
Idyllisch am Bachufer gelegen. Hier reicht man hausgemachte Spezialitäten wie Würste oder Hirtenbraten.
Veszprémi u. 3; Tel. 87/446-063 ★★

Service

Csopak tourist
Veszpremi út 33; Tel. 30/957-6115, Tel./Fax 87/455-025; www. csopatztourist.hu

Der schönste Abschnitt des Sees, die so genannte Balatoner Riviera, liegt am östlichen Ende des Nordufers.

Balatonalmádi

■ B 6, S. 118

8000 Einwohner

Zwischen Badacsonyörs und Balatonalmádi ziehen sich über eine Länge von 40 km reizende Siedlungen am See entlang. Sie liegen unterhalb bewaldeter Höhenzüge und reichen bis in die von Quellflüssen durchzogenen Täler. Schon früh hat hier der Tourismus Wurzeln geschlagen.

Im Frühjahr, wenn die Mandel- und Obstbäume blühen, mutet die Gegend um die Kleinstadt Balatonalmádi wie eine mediterrane Märchenlandschaft an. Glücklich, wer dann auf kräftigen Pferden über die Wege der bewaldeten Bergrücken reiten kann, vorbei an 100-jährigen Villen, die die Erinnerung an das vergangene Großreich der k.u.k. Monarchie wach halten, durch uralte Dörfer mit schmucken Bauernhäusern, immer mit dem Blick auf das großartige Panorama mit frischen blauen Hügelketten, meergrün die Weinstöcke, mit ihren bläulich schimmernden Blättern. Dahinter und noch weiter entfernt wieder hellblauer Himmel, der von Wolken schäumt.

Hier reifen auch die Trauben für die feurigen Weine, deren Bukett und Geschmack intensiver ist als in südlichen Ländern. Klar, den Tokajer kennt jeder oder glaubt ihn zu kennen, aber einen Badacsonyer »Grauen Mönch« oder Csopaker Riesling im Glas und dann im Hintergrund wehmütige Geigen, die untergehende Sonne über dem Balaton, eine gemütliche Runde vor einem in den Abhang des Nordufers hineingebauten Weinkeller – das sind unvergessliche Sinnenfreuden!

Hotels/andere Unterkünfte

Auróra Hotel
Größeres Hotel mit 540 Betten, eigenem Strand, Hallenbad, Sauna, Solarium, Restaurant, Bar und Konferenzräumen.
Bajcsy-Zsilinszky u. 14; Tel. 88/438-810 oder -413, Fax 438-811; 240 Zimmer ★★

Balaton Glashotel
Mit eigenem Strand bietet dieses einfache Hotel viel Annehmlichkeiten: Restaurant, Bar, Garten, Angelstege, Reiten, Wassersport, Hafen.
Budatava u. 3; Tel. 88/438-244 oder 439-324, Fax 438-543; www.hotels.hu/glashotel; 60 Zimmer ★★

Bányász Hotel
Mittelgroßes Hotel mit Strandbad, Pool und Hallenbad, Reit- und anderen Sportangeboten, Restaurant, Café.
Alsóörs, Füred út 24; Tel./Fax 87/447-044; www.hotels.hu/banyasz; 38 Zimmer ★★★

Familia Panzió
Diese kleine Pension (5 Zimmer) bietet dennoch viele Annehmlichkeiten: Parkplatz, Restaurant, Wassersport aller Art, Reiten.
Dr. Óvári F. u. 42; Tel. 88/431-717 oder 20/974-0874, Fax 438-560; 14 Betten ★★★

Fodadó AZ Aranysashoz
Kleines, gemütliches Hotel mit Garten, Restaurant, Café und verschiedenen Animationen.
Szegfü u. 13; Tel./Fax 87/447-124; www.hotels.hu/aranysas; 21 Zimmer ★★★

Hunguest Hotel Almadi
Mittelgroßes Haus mit eigenem Badestrand, Garten, Restaurant, Café, Bar.

Neptun u. 15; www.hotels.hu/inter-europa-balatonalmadi, www.hunguest.hu; 25 Zimmer ★★★

Mentor Hotels – Kolostor Hotel
Aus einem ehemaligen Kloster (1750) wurde ein Hotel mit 17 Zimmern, großem Park und einem Restaurant.
Vörösberény, Veszprém út 83; Tel. 88/438-254, Fax 438-256; ivn.hu/mentor; 17 Zimmer ★★★

Pelikán Hotel
Mittelgroßes Haus; leider wenige Offerten außer dem Restaurant, Café und Garten.
Füredi u. 62; Tel. 87/447-143; 30 Zimmer ★★

Wellness Hotel
Direkt am Hafen mit vielen sportiven Angeboten: Gymnastik, Sauna, diverse Wassersportaktivitäten.
Véghelyi Dezsö u. 1; Tel. 88/438-514 oder 20/942-9632, Fax 88/438-960; E-Mail: marathon@elender.hu, www.hotels.hu/wellness; 30 Zimmer ★★★

Spaziergang

Im halbkreisförmigen Uferabschnitt sind die vier Siedlungen Vörösberény, Almádi, Káptalanfüred und Budatava zur Kleinstadt mit einer Uferlänge von ca. 3,5 km zusammengefasst worden. Der 6 km lange geologische und botanische Lehrpfad **Vörös Homokkö** (Roter Sandstein) führt vom Rathausplatz am Aussichtspunkt von Óvári vorbei. Schilder des Nationalparks **Balaton-Oberland** informieren entlang des Pfades über Sehenswürdigkeiten. Das Malom-Tal und das Vödör-Tal sind beliebte Ausflugsziele.

Sehenswürdigkeiten

Alter Park
An der Promenade ist eine Reihe von Statuen ungarischer Persönlichkeiten aus Kultur und Politik versammelt; an der »Seufzerbrücke« am Hotel Aurora brennt ein ewiges Licht zum Gedenken an die Idee eines »Groß-Ungarn« vor dem Ersten Weltkrieg.

Häuser mit Dielen
Viele aus Holz gebaute Häuser bewahren das Andenken an die traditionelle Baukunst.

Heilige-Rechte-Kapelle
Sie ist ein besonderer Schatz in Almádi, gleich bei der St.-Emmerich-Pfarrkirche gelegen. Die Kapelle wurde nach 1957 in Teilen von der Budaer Burg hierher versetzt, darunter das Goldmosaik von Miksa Róth und ein Schrein, der Aufbewahrungsort der rechten Hand des ersten ungarischen Königs Stephan I. gewesen sein soll.

Ordenshaus der Jesuiten und St.-Ignatius-Kirche
Das frühere Kloster (1750), heute das Kolostor-Hotel, steht neben der röm.-kath. Kirche, die innen bemerkenswerte Fresken aus dem Leben des Ordensgründers Ignatius von Loyola aufweist; Xavér Bucher schuf sie Ende des 18. Jh. Zum Gesamtensemble gehört noch der 60 m lange barocke Getreidespeicher (18. Jh.).
Templom tér.

Óvári-Aussichtsturm
Nach einem kurzen Gang durch die Batthyány u. erreicht man den über die Stadt ragenden Turm aus rotem Sandstein, er bietet eine weite Aussicht auf das östliche Balaton-Becken.

Reformierte (Wehr-)Kirche
In Vörösberény ist diese mittelalterliche Kirche von 1297 ein interessantes Baudenkmal, umgeben von Mauern mit Schießscharten. Durch die Erweiterung um ein Nebenschiff entstand ein Doppelchor, an den ein Turm gebaut wurde; das böhmische Kappengewölbe stammt aus dem 18. Jh.
Veszprém út/Ecke Erkel Ferenc u.

Essen und Trinken

Clóbusz Csárda
Landgasthof mit ungarischer Küche am Ortsausgang Vörösberény.
Glóbusz u. 1; Tel. 88/432-077; www.restaurantguide.hu/globusz ★★

Weingartenrestaurant (und Panzió)
Gleich im westlichen Ortsteil Káptalanfüred liegt dieses romantische Restaurant.
Fülemüle u. 1-3; Tel./Fax 88/438-542 ★★

Am Abend

In der mittelalterlichen ref. Kirche und etwas außerhalb in Felsőörs (3 km von Alsóörs) in der kath. Propsteikirche werden Orgelkonzerte veranstaltet. Darüber hinaus finden auf dem Rathausplatz von Zeit zu Zeit volkstümliche Konzerte statt.

Service

Tourinform
Iroda, Baross G. u. 2.; Tel. 88/594-081, Fax 88/594-080; E-Mail: balatonalmadi@tourinform.hu

Medizinischer Notdienst für Touristen
Balatonalmádi, Barosz G. út 32; Tel. 88/438-334

Taxi
Balatonalmádi, Városház tér; Tel. 88/438-860

Ziele in der Umgebung

Alsóörs ■ B 6, S. 118

Alsóörs bietet das im gotischen Stil errichtete **Türkenhaus** (15. Jh.), das älteste erhaltene adelige Herrenhaus ganz Ungarns in der Petőfi köz 7. Man nennt es wegen seines turbanförmigen Schornsteins auch »Haus des türkischen Steuereintreibers«. Der stimmungsvolle Ort mit seinen steilen Altstadtgassen markiert geografisch den Anfang der »Riviera«.

Felsőörs ■ B 6, S. 118

Felsőörs (3 km von Alsóörs) hat die schönste romanische Dorfkirche des Balaton-Oberlandes. Die kath. **Propsteikirche** wurde Anfang des 13. Jh. aus rotem Sandstein gebaut. Auf der architektonisch interessanten Fassade trennen über dem spitzen Portalstufengiebel zwei kunstvolle Knotensäulen die drei Fenster über dem Sims. Diese so genannten Herakles-Knoten sollen vor Dämonen schützen. Die Einrichtung stammt aus dem 18. Jh. Im Sommer finden in der Kirche Orgelkonzerte statt.

Veszprém ■ AB 5, S. 118

62 800 Einwohner
Stadtplan → S. 59

Aus der Neustadt heraus die majestätisch auf einem Felssporn thronende **Altstadt** zu erforschen, ist eine großartige Sache: Schon seit der Antike ist dieser Ort bewohnt – Funde beweisen, dass Awaren und Römer hier siedelten. 900 n. Chr. eroberten die Ungarn den Burghügel binnen einer Woche, später kam die Stadt in den Besitz der Fürstenfamilie Árpád. Zur Ehren von St. Stephan wurde die runde Kirche auf dem Burghügel eingeweiht. Gisela von Bayern liebte diese Gegend sehr und gründete die **St.-Michael-Kirche**. König Stephan I. ließ das Frauenkloster der Griechischen Nonnen bauen, derweil Königin Gisela am Krönungsmantel des Gemahls stickte. In der Blütezeit von Veszprém ließ König Béla IV. seine Tochter Margit im Dominikanerkloster St. Katharina erziehen. 1

Als 1552 Ali Pascha die Stadt besetzte, wechselte Veszprém 17-mal die verschiedenen Kriegsparteien. Der Wiederaufbau begann Anfang

Oben: Am Ende des Burgplateaus stehen die überlebensgroßen Skulpturen König Stephans I. und seiner Gemahlin Gisela; ihnen zu Ehren wurde die Kirche auf dem Burghügel geweiht.

Mitte: Die majestätisch auf einem Felssporn thronende Altstadt von Veszprém wurde mehrfach von unterschiedlichen Besatzern zerstört; der Wiederaufbau begann Anfang des 18. Jahrhunderts im barocken Stil.

Unten: Ungarische Souvenirs sind begehrt, ganz gleich ob farbenprächtige Stickereien auf Westen und Blusen oder altes Leinen, verarbeitet zu Hirtenhemden.

des 18. Jh. im barocken Stil, Bischof Márton Padányi Biró ließ den repräsentativen Dreiheiligkeitsplatz mit Palästen umrunden. Nach Buda hat Veszprém den zweitgrößten historischen Burgbezirk in Ungarn.

Spaziergang

Beginnen wir unseren Rundgang durch die tausendjährige Stadt an der **Burg**. Das Burgtor wurde erst im 20. Jh. für die Opfer des Ersten Weltkriegs errichtet, der Feuerturm ist nach der türkischen Zeit zur Feuerbeobachtung neu gebaut worden. Im Haus der Künste präsentieren Galerien die Werke zeitgenössischer ungarischer und internationaler Künstler. Die **Piastenkirche** entstand zwischen 1828 und 1833 im klassizistischen Stil. Daran schließt sich der **Erzbischofspalast** an, von Jakob Fellner 1776 fertig gestellt; innen sehenswert die Vorhalle, das Treppenhaus und der Prunkspeisesaal. Die gotische **Gisela-Kapelle** entstand Anfang des 13. Jh. und zeigt innen byzantinische Apostelfresken.

Franziskanerkirche und **-kloster** sind die nächsten bemerkenswerten Bauwerke, die nach einem großen Brand in der gesamten Burg mit erweiterten Stockwerken errichtet wurden. 1750 schuf der Bildhauer Max. Schmidt das Dreifaltigkeitsdenkmal. Im 10. Jh. entstand der romanische **St.-Michael-Dom**, den die Königin Gisela mit Messgewändern und Altargerät ausstattete. Daran schließt das **Königin-Gisela-Museum** mit bischöflichen und sakralen Schätzen an. Ebenfalls aus dem 10. Jh. stammt die **St.-Georgius-Kapelle**, in ihr wird die Georgius-Kopfreliquie aufbewahrt. Das Standbild von König Stephan und Königin Gisela steht am nordwestlichen Ende des Burgbergs.

Jetzt verlassen wir den Burgberg: Im **Dezsö-Laczkó-Museum** erwartet den Besucher eine Ausstellung zur Geschichte des Komitats Veszprém. Wie ein Wohnhaus aus dem 19. Jh. mutet das Bakonyer Haus an. Sehenswert sind außerdem der Zoo, das Petöfi-Theater, die Komitatsbibliothek, das Rathaus, vor allem aber die gewaltige **Talbrücke**, die nicht nur als Wahrzeichen von Veszprém gilt, sondern in großartiger Ingenieurleistung 50 m weit das Fejes-Tal überspannt.

Essen und Trinken

Café Piazza ■ c 2
Behagliches kleines Restaurant mit Terrasse gleich unterhalb der Burg.
Óváros tér 4; Tel. 88/444-445 ★★

Olivia M ■ c 1
Étterem und Panzió mit mediterranem Ambiente am Fuß der Burg; eine wohltuende Einkehr und zugleich Übernachtungsmöglichkeit.
Buhim u. 14–16; Tel. 88/403-870 oder 403-875; www.olivia.hu ★★

Einkaufen

Veszprém ist ein regelrechtes Einkaufs-Dorado: große Geschäfte in der modernen Innenstadt, kleine Boutiquen in den Straßen und Gässchen vor der Burg.

Service

Tourist Information Veszprém ■ b 1
Vár u. 4 (direkt an der Burg); Tel./Fax 88/404-548; E-Mail: tourinform@veszprem.hu, www.veszpreminfo.hu

Balatonkenese ■ C 6, S. 118

3500 Einwohner

Balatonkenese ist ein recht hübscher Ort, am Ostufer des »Pannonischen Meeres« inmitten von Weinbergen in einer besonders attraktiven Panoramalage der Bucht gelegen. Er erstreckt sich bis auf die Hochebene.

Balatonkenese eröffnet den Reigen der vielen Badestrände, die sich am Südufer entlang ziehen. Hier und im sich anschließenden Ort Balatonakarattya haben sich schon vor Jahrzehnten begüterte Hauptstädter niedergelassen, die sich am nahe gelegenen Ostufer ihre Ferienhäuser und Villen bauten.

Hotels/andere Unterkünfte

Honvédüdülö/Balatonkenesei
Ein Riesenhotel mit 700 (!) Betten und zahlreichen Annehmlichkeiten erwartet den Gast: Hotelgarten, eigener Strand, Parkplatz, Restaurant, Café, Bar, weit gefächerte Sportangebote.
Tompa u. 1; Tel./Fax 88/481-444;
200 Zimmer ★★★

Marina Port Hotel
In unmittelbarer Nachbarschaft zum Hafen gelegenes, mittelgroßes Hotel; Strand- und Hallenbad, Swimmingpool, Segel- und Surfmöglichkeiten, Tennis- und Volleyballplätze gehören zum Haus.
Jachtclub, Kikötö u. 4; E-Mail: aktiv@mail.matav.hu, www.hotels.hu/aktiv-hotels;
65 Zimmer ★★★

Hotel Vivien
Dieses relativ kleine Hotel mit 30 Zimmern bietet alle Vorzüge für einen angenehmen Ferienaufenthalt: Restaurant und Bar, dazu Garten, Sauna, Solarium, Massagen.
Balatonakarattya, Bercsényi lejaró 1;
Tel. 88/481-297 oder Tel./Fax 481-683;
www.hotels.hu/vivien; 70 Betten
★★★

Sehenswertes

Altstadt
Die in der B.-Zsilinszky u. gelegenen Häuser mit der landestypischen Architektur geben dem Ort am breiten Ostufer ein besonderes Gepräge.

Lößwand
Die Lößwand ist mit ihren Legenden besonders interessant: Die neun Öffnungen, die auf ehemalige Bewohner hindeuten, heißen im Volksmund »Tatarenlöcher«. Man erreicht sie in Richtung des nordwestlichen Ortsausgangs über die Bajcsy-Zsilinszky und Tartárjan u. Der höchste Punkt des berühmten Hochufers nennt sich **Soós-hegy**. Hierher sollte man einen Picknickkorb mitnehmen, um nicht nur den Blick über den See und das Hinterland zu erleben, sondern während des Sonnenuntergangs bei einem fesselnden Naturschauspiel dabei zu sein. Wegen mangelnder Beschilderung Wanderkarte empfohlen!

Röm.-kath. und ref. Kiche
Die Barockkirche des 18. Jh. wurde mit der alten, inzwischen reformierten Kirche (1231) zusammengefasst. Ein anmutiger Barockbau ist das daneben stehende Pfarrhaus. Auf der anderen Seite liegt die 1819 errichtete römisch-katholische Kirche.
Balatonkenese, Táncsics Mihály u. 10/13.

Széchenyi-Park
Diese Parkanlage gibt bei klarem Wetter den Blick über nahezu die gesamte Länge des Plattensees frei.

Museen

Dorfmuseum
Das traditionelle Haus von 1850 bietet dem Besucher Einblick in Geschichte und Leben der Menschen in und um Balatonkenese.
Kossuth Lajos u. 6; Tel. 88/481-741 und -087; Di–So 10–14 Uhr

Essen und Trinken

Ezeréves
Ein Landgasthof, mit Schilf gedeckt, lädt am Hang des Öreg-hegy (sogar mit einem Aussichtsturm) ein!
Öreg-hegy; Tel. 88/481-613 ★★

Nádas Csárda
Wer ein wenig mehr als nur die üblichen Angebote sucht, der ist in diesem behaglichen Restaurant gut aufgehoben.
Balatonkenese, Jókai u. 1; Tel. 88/481-794 ★★

Am Abend

Konzerte finden in der röm.-kath. Kirche und auch im Gemeindehaus statt. Im Strandbad **Vak Bottyán** gibt es im Sommer Openair-Veranstaltungen und Strandpartys.

Service

Tourinform
Bürgermeisteramt, Balatonkenese, Béri Balogh Ádam tér 1; Tel. 88/491-904, Fax 491-034; balatonkenese@tourinform.hu

Balatonfüzfö

■ B 5, S. 118

Etwas nördlich von Balatonkenese erreicht man über die Hauptverkehrsstraße 71 am Ostufer des Balaton den kleinen Ort Balatonfüzfö. Hier geht auch die Nationalstraße 72 in die 71 über.

Füzfö ist wegen des seidigen Sandstrandes beliebt. Wenn einmal das Wetter nicht mitspielt, stehen das Hallenbad »Balaton« mit Schwimm- und sogar einem Thermalbecken sowie Sportplätzen zur Verfügung. Füzfö bietet noch eine romantische Kirchenruine (13. Jh.) im ehemaligen Dorf Máma. Um den 20. August finden die **Tage von Füzfö** mit klassischen Konzerten und Oratorien statt.

Hotels/andere Unterkünfte

Mentor Hotels – Sporthotel Lötér
Klein, aber ein Haus der Ruhe und zudem der sportlichen Aktivität.
Koronglöter; Tel. 88/451-708, Fax 451-126; mentor@mail.datanet.hu, www.ivn.hu/mentor; 5 Zimmer ★★

Sporthotel
Das mittelgroße Hotel bietet neben einem Hallenbad eine Reihe von Sportanimationen an.
Sportpálya; Tel./Fax 88/451-516; www.hu/mentor; 14 Zimmer ★★

Balatonakarattya

■ C 6, S. 118

Wenn da nicht ein sehenswerter Baum wäre, an den der Fürst Rákóczi sein Pferd angebunden haben soll, so wäre dieser nächste Ort Balatonakarattya weniger bedeutend. Leider kann man nur noch den Stumpf des Rákóczi-Baums sehen, denn 1969 ging die riesige, uralte Ulme ein. Allerdings bleibt die Frage sicher für alle Zeiten unbeantwortet, ob der Fürst sein Pferd wirklich hier angebunden hat.

Nach dieser »Entdeckung« fahren wir bei Balatonaliga weiter über die 71, die später in die (gebührenfreie!) Autobahn 70, danach in die Nationalstraße 7 übergeht. Ab jetzt setzt sich die schier unendliche Reihe der »Balaton«-Ortsnamen fort. Die Uferstraße zieht sich von Osten nach Westen durch viele Orte, die leider wenig Unterschied in ihrer Gestaltung zeigen.

Balatonviagos hat nicht nur vom hohen Ufer einen weiteren schönen Ausblick auf das östliche Balaton-Becken, sondern bietet im **Club Aliga** eine Drahtseilrutsche. Mit diesem Gerät können Extremsportfans – eine entsprechende Ausrüstung vorausgesetzt – aus 19 m Höhe mit einer Geschwindigkeit von 35–40 km/h auf die Wasseroberfläche gleiten.

In Ungarn ist es vielerorts noch selbstverständlich, mehrere Generationen unter einem Dach zu vereinen, den »Alten« wird hoher Respekt entgegengebracht.

Balatonszabadi

■ C 6–7, S. 118

Balatonszabadi ist schon wegen der volkstümlichen Architektur und der Kirchen einen Besuch wert. Im Ortsteil Siómaros steht ein Kossuth-Denkmal von 1894, das nach dem Tode des Politikers aufgestellt wurde. In der Römerzeit verlief hier eine Straße zwischen Tricciana und Gorsium, heute Tác, deren Spuren man leider nur noch erahnen kann.

Dafür gibt es im **Freilichtmuseum** von Gorsium (ca. 25 km von Balatonakarattya) viel über das Leben in der römischen Stadt am Fluss Sárviz zu sehen: Heiligtümer und Bürgerhäuser, Grabsteine, Teile der Stadtmauern und Tempelbauten (Archäologischer Park Gorsium, Tác; 1. Nov.–27. Apr. Di–So 10–16, 28. Apr.–31. Okt. Di–So 8–18 Uhr).

In **Ságvár**, südlich von Siófok, gibt es an der Landstraße 65 noch Ruinen aus der Römerzeit.

EXTRA: Sport und Strände

So unruhig wie die Oberfläche des grüngraublauen Balaton bisweilen ist – der Plattensee lässt den Urlaubsgast auch dann kaum zum Faulenzen kommen. Das Wasser eignet sich nach der flachen Uferzone ausgezeichnet zum Schwimmen und erwärmt sich schnell. Fast überall kann man Tretboot fahren, surfen oder ein Boot ausleihen; die meisten Hotels in Strandnähe bieten Wassersportaktivitäten an. Allerdings erschwert der oft starke Wellengang eine Kajak- oder Kanufahrt.

Und leise ist es nach wie vor auf dem Pannonischen Meer, denn Motorboote sind wegen des Lärms und der Wasser- und Luftverschmutzung verboten, ausgenommen natürlich die Rettungsdienste.

Alles möglich am Balaton: faul am Strand liegen, Aktion oder tatkräftige Fitness oder auch Wellness mit Muße.

Der Wind aktiviert – wer kein eigenes Segelboot hat, findet in vielen Häfen Verleihstellen, ja es gibt Segelschulen, und der Urlaubsgast kann den Kurs mit einer Segelscheinprüfung abschließen. Dazu finden die Segler in der Nähe der Bootsanleger die verschiedensten Dienstleistungen für das leibliche Wohl, die Gesundheit oder Werkstätten für das Boot. Für Wasserski stehen sogar geschlossene Bahnen mit elektrischer Schleppanlage zur Verfügung (u.a. in Balatonfüred). Segelregatten um das »Blaue Band« und die berühmten »Balaton-Seeüberquerungen« bringen Abwechslung in die Urlaubszeit. Sportzentren, Sport-, Tennis- und

Volleyballplätze stehen zur Verfügung, vor allem der Reitsport wird groß geschrieben. Wandern und Radfahren sind über viele ausgezeichnete Wege möglich, entsprechende Karten stehen zur Verfügung (u. a. Balaton/Plattensee, 1:80 000, Paulus Verlag, mit Wander- und Radrouten sowie vielen weiteren Infos).

Angeln

Die berühmtesten Fischsorten sind der Zander, aber auch der Karpfen. Massenhaft kommt der Stichling vor sowie der besonders delikate Aal. Angelschein!

Golf

Diese Sportart wird (noch) klein geschrieben, gewinnt aber zunehmend mehr Freunde. Zu einer Reihe von Hotels gehören Golfplätze und entsprechende Angebote.

Der See bei Balatonfüred – je nach Farbe des Himmels, der Stärke des Windes und dem Zug der Wolken schimmert die Oberfläche von Opalgrau bis zu hellem Grün. Sturmmeldungen muss man besonders beim Segeln ernst nehmen.

Radfahren

Noch ist das Radwegenetz nicht vollständig ausgebaut, aber rund um den Plattensee sind bereits einige Radwanderwege mit Schildern ausgezeichnet. Die Route rund um den See beträgt 231 km und ist mit vier Tagen angesetzt. Sie führt von Balatonakarattya über Balatonfüred–Badacsony–Keszthely–Fonyód und Siófok zurück nach Balatonakarattya. In verschiedenen Orten (v. a. Salföld im Kál-Becken und Bakonybél) können Fahrräder ausgeliehen werden. Der ausführliche Prospekt *Auf zwei Rädern durch 3200 ungarische Ortschaften* mit vielen Radrouten kann bei allen Ungarischen Reisebüros angefordert werden; dazu gehört ein weiterer Prospekt mit verschiedenen geführten Touren (Hotline: Tel. 00 36/60/550-044).

Reiten

Am Balaton stehen sowohl Vereine (u. a. der die Tradition pflegende **Husarenverein** in Lovas) wie auch Reithallen und Reitschulen bereit. Sie stellen in der Regel ausgezeichnetes Pferdematerial, das allen Ansprüchen vom Anfänger bis zum fortgeschrittenen Geländereiter gerecht wird.

Die Broschüre *Auf den Spuren der Husaren* widmet sich ausführlich dem »Glück auf dem Rücken der Pferde«: Man erfährt einiges zur Geschichte des Reitens in Ungarn, zu Reittouren, Jagdreiten, Geländereiten, Distanzreiten und anderen Reitangeboten. Eine Sonderbeilage zählt Reiterorganisationen und Dienstleistungsbetriebe für Reittouristik in Ungarn auf (Hotline: Tel. 00 36/60/ 550-044).

Segeln

25 Segelhäfen erwarten den Anfänger und den Segelprofi. Kosten für den Verleih: 1 Stunde 37–134 €; 1 Woche

225–800 €; Kaution 84–192 €; Segelschule: 72–192 €

Surfen

Verleih von Surfbrettern: 1 Stunde 5 €; 4 Stunden: 17 €; 1 Tag: 25 €
Surfschule: 46 € pro Kurs

Trainingscamps

Fonyód verfügt über zwei Häuser, die als Trainingslager besonders geeignet sind: **Hotel Fonyód** mit Sporthalle und Fußballplatz sowie das Ferienheim und Trainingszentrum **Hungary** (E-Mail: daxner@freemail.hu).

Wandern

Der Balaton mit seinen Uferzonen ist ein einziges Naturwunder: 1500 Pflanzen- und 1200 Tierarten sind im Wasser und in der unmittelbaren Umgebung bekannt. Zahlreiche Wanderrouten bieten die Möglichkeit, Fauna und Flora zu studieren. Dazu sei besonders der **Nationalpark Balaton-Oberland** empfohlen (Wanderkarte → S. 63), durch den sich die »Blaue Tour« schlängelt: 94 km vom Bahnhof in Pétfürdö bis Várpalota. Außerdem bietet **Tourinform** diverse Touren an (ausführlicher Prospekt!); Hotline: Tel. 00 36/60/550-044.

Besonders zu empfehlen sind die **Weinstraßen**, die mit Weinverkostung, Weinverkauf und Gastlichkeit die Orientierung erleichtern:

Weinregion Balatonfüred-Csopak
H-8828 Lovas, Fö út 18; Tel./Fax 87/447-694

Weinregion Badacsony
H-8261 Badacsony, Római út 2;
Tel: 87/431-003, Fax 87/531-033

Weinregion Südbalaton
H-8630 Balatonboglár, Erzsébet u. 11;
Tel. 85/351-311, Fax 350-469.

Zahlreiche Hotels tragen der zunehmenden Popularität des Wassersports Rechnung: Man kann segeln, surfen, Kajak Kanu oder Wasserski fahren etc. – manch einer wagt gar einen Tauchgang.

Strände

Tipp: Auf der Nordseite sind fast alle Strandbäder hermetisch abgezäunt und nur gegen Eintritt zu betreten. Dafür gibt es in der Regel saubere (z. T. neue) Umkleidekabinen, Duschen und Toiletten. Durchschnittspreis 280 Ft pro Tag für Erwachsene, 160 Ft für Kinder). Auf der Halbinsel Tihany finden sich am östlichen Ufer freie Strände. Ab Balatonkenese sind die allermeisten Badestrände kostenfrei, trotzdem gibt es dort Duschen und Umkleideschnecken.

Balatonalmádi ■ B 6, S. 118
Einer der größeren Badestrände des Nordufers: Wesselényi-Strand, Káptalanfüred und Budatava mit gepflegten Grünanlagen (z. T. Neubau) und Spielplatz.

Balatonbereny ■ C 2–3, S. 116
FKK-Strand und Camping.

Balatonföldvár ■ A 7, S. 118
Angenehmes Strandgebiet zu beiden Seiten des Hafens, schöne Anlage; Schiffsverbindungen.

Balatonfüred ■ A 6, S. 118
Im Osten Kisfaludy- und Városi-Strand; mehrere Hotelstrände, zwar mit Eintritt, aber dafür sehr gepflegt.

Balatonfüzfö ■ B 5, S. 118
Schwimmbad »Balaton«, Sandstrand.

Balatongyörök ■ C 2, S. 116
Strandbad östlich der Hafenmole; ruhige, gepflegte Anlage mit viel Grün.

Balatonkenese ■ C 6, S. 118
Von Akarattya bis Kenese zieht sich ein schier endloser Sandstrand.

Balatonmáriafürdő ■ D 3, S. 117
Strandbad östl. des Hafens, eine der weitläufigsten Anlagen am Südufer.

Balatonszemes ■ F 2, S. 117
Mehrere Strandbäder, u. a. am Hafen.

Csopak ■ AB 6, S. 118
Sandstrand (12 000 qm) mit Riesenrutsche, Schiffsanleger

Fonyód ■ E 2, S. 117
1000 m Seeufer, neun Strände, Freibad (Fonyódliget), sehr saubere Grünfläche, Umkleideschnecken; Hafen.

Révfülöp ■ E 1–2, S. 117
Strandbad, Strand am Campingplatz.

Siófok ■ C 7, S. 118
Zwei sehr lange Strände (78 000 qm, Petőfi-Strand); sehr buntes Treiben.

Tihany ■ A 7, S. 118
Drei Strände, einer am Jachthafen.

Zamárdi ■ B 7, S. 118
Toller neuer Sandstrand in Höhe der Bácskai u. und der Táncsies u.; sehr sauberer Strand, Umkleideschnecken.

Stille Eleganz, 17 km Strand

– die große Stadt am Südufer zeigt auf jeden Fall junges, buntes, quirliges Leben.

Siófok ■ C 7, S. 118

25 000 Einwohner
Stadtplan → S. 69

Die größte und am Südufer beliebteste Stadt ist Siófok, das allein über 17 km Uferlinie verfügt. Siófok lebt noch von dem Ruf, die Stadt der stillen Eleganz zu sein. Das stimmt für den Tourismus nicht mehr, denn im Sommer weist Siófok das Fünffache der Einwohnerzahl an Gästen auf: Günstige Verkehrsanbindungen und ausgezeichnete Badestrände bringen Scharen in die Stadt. Der See ist flach, der Sand weich, der Hafen modern, dazu ein malerischer Blick von der Petőfi-Promenade auf das andere Ufer. Von Juni bis September herrscht auf der langen schattigen Promenade des Gold- und Silberufers ein buntes Treiben – v. a. am **Coca-Cola-Beach** –, das sich in der Kálmán Imre Sétany zwischen -zig bunten Ständen beinahe kirmesartig steigert.

In Siófok lassen die Klänge aus der *Czárdasfürstin* oder dem *Zigeunerprimas* – mit betont ungarischer Melodik – die Erinnerung an den großen, hier geborenen ungarisch-österreichisch-deutschen Operettenkomponisten **Emmerich Kálmán** (Kálmán Imre) noch einmal aufleben. Sein Geburtshaus kann man besichtigen. Auch manch anderer Künstler oder Architekt – postmoderne Gebäude treten inzwischen mehr und mehr an die Stelle der sterilen Plattenbauten – hat hier seine Spuren hinterlassen. Wer also eine bunte, quirlige Urlaubsatmosphäre mag, der hat in dieser heimlichen »Hauptstadt« des südlichen Balaton sein Ziel gefunden!

Das Emmerich-Kálmán-Denkmal erinnert an den großen Operetten-Komponisten, der mit seiner Czárdásfürstin oder Gräfin Mariza die Bühnen der Welt eroberte.

Hotels/andere Unterkünfte

Apartman Bella Panzió ■ c 2
Apartments, 38 Betten, Parkplatz, Café, Bar, Sportangebote.
Batthyány Lajos u. 14/A; Tel. 84/510-078 oder Tel./Fax 314-784; E-Mail: apartbela @matavnet.hu, www.hotels.hu/bela; 17 Zimmer ♿ ★★★

Aranypart Hotel ■ e 1
Das Hochhaushotel »Goldenes Ufer« liegt auch dort und bietet einen großen Garten und Badestrand außerhalb des bunten (und manchmal lauten) Treibens der Gegend. Konferenzräume, Sauna, Massagen, Friseur, Tennisplätze, Spielplatz für Kinder, Kegelbahn, Sonnenterrasse.
Beszédes J. sétány 82; Tel. 84/312-722 oder -138, Fax 312-049; E-Mail: hotel @aranypart.hu, www.aranypart.hu; 198 Zimmer ♿ ★★★

Hotel Holiday ■ c 1
Ein im Jahr 2001 eröffnetes, direkt am Strand gelegenes Haus. Familienbetrieb mit moderner, frischer Möblierung.
Petőfi sétány 3; Tel. 84/538-056; E-Mail: holiday@enternet.hu; 60 Zimmer ★★★

Janus Atrium Hotel ■ a 2
In der Innenstadt gelegen, stilvoll eingerichtet mit gepflegtem Restaurant; insgesamt ein architektonisches Kleinod (Imre Makovecz).
Fő u. 93–95; Tel. 84/312-546, Fax 312-432; E-Mail: janus@janushotel.hu, www.janushotel.hu; 29 Zimmer ★★★★

Hotel Kentaur westlich ■ a 2
Hübsches kleines Hotel mit aparter Einrichtung und einem wohltuenden Service – eine familiäre, qualitätsbewusste Hotelleitung; empfehlenswertes Restaurant.
Akácfa u. 1; Tel./Fax 84/350-001; www.hotels.hu/kentaur-hotel; 29 Zimmer ♿ ★★★

Schloss Ramona Hotel ■ a 2
Mittelgroßes Hotel in der Innenstadt mit Garagen, Restaurant, Café, Bar, diverse Sportangebote.
Fö u. 114; Tel./Fax 84/319-705; www.hotels.hj/schlossramona; 40 Zimmer
★★★

Spaziergang

Ganz gleich zu welcher Tages- oder (vor allem) Nachtzeit: Entlang der Promenade am »Gold-« und »Silberufer« ist immer etwas los! Der weitläufige Strand, die Grünanlagen und die hübschen alten Villen (früher Wohnhäuser bekannter Künstler) vor allem am »Goldenen Ufer« oder der Petöfi- und Beszédes-Promenade locken viele Besucher zum Flanieren an, vor allem während der Programme des **Coca-Cola Beach House.**

Von verschiedenen Stellen sind das östliche Balaton-Becken, das hohe Lößufer bei Kenese (östlich) und das Balaton-Oberland zwischen Füred und Aszófő (nördlich) zu sehen.

Sehenswertes

Alter Bahnhof ■ c 2
Den Bahnhof umgibt eine hübsche Parkanlage mit kleinem Pavillon und einer Bronzeskulptur von Emmerich Kálmán im Lehnstuhl.

Ev.-luth. Kirche ■ c 2
Eine 1990 zum Großteil aus finnischem Holz gebaute, außergewöhnliche Kirche des Architekten Imre Makovecz – Begründer der neuen ungarischen Architektur. Beeindruckend sind der markante Turm, der dem Kirchenschiff vorgebaut ist, die über den Eingangstüren schwingenden Flügel rechts und links, innen in »Augen« auslaufend und Symbol des Lebensbaums, ebenso das »das Boot Christi« symbolisierende Dach.
Oulu Park; Mo–Sa 9–12, 15–19, So 15–19 Uhr, Gottesdienst So 9.30 Uhr

Hafen mit Jókai-Park ■ b 1–2
Das Hafenbecken, Anleger für Dampfer und Segelboote, wird von zwei Molen eingegrenzt, die zum Spazierengehen und Angeln einladen. Sehenswert auch das Meteorologische Observatorium im Park in der Nähe des Denkmals der Balaton-Dampfschifffahrt und die Sió-Schleuse, die den Balaton-Pegel reguliert. Hier liegt ist auch die Trennlinie zwischen Goldufer und Silberufer.

Kulturzentrum Süd-Balaton ■ c 2
Der Theatersaal verfügt über 500 Zuschauerplätze und ein Theatercafé. In der Umgebung können Statuen bekannter Künstler bewundert werden.
Fö u. 57

Röm.-kath. Pfarrkirche ■ c 2
Mit langem Saal, besonders schönen Glasfenstern im Nazarener-Stil sowie interessanten Gemälden.
Fö u. 57

Wasserturm ■ b 2
Mit seinen 45 m Höhe und der auffälligen Form ist der 1912 errichtete Turm das Wahrzeichen von Siófok.

Museen

Beszédés-József-Múzeum ■ b 2
Hier werden die Anfänge der Balaton-Schifffahrt und die geologischen Besonderheiten des Balaton vorgestellt.
Sió u. 2

Emmerich-Kálmán-Museum ■ c 2
Das Museum dokumentiert Leben und Werk des aus Siófok stammenden Operettenkomponisten im Milieu des frühen 20. Jh. mit seinem Klavier, den Noten, Schriften, Bildern, Möbeln, Kostümen und – seiner Musik! Lesenswert ist die ausführliche Broschüre über E. Kálmán (auch in Deutsch).
Kálmán Imre sétány 5; Tel. 84/311-287; Apr.–Okt. Di–So 9–17, Nov.–März Di–So 9–16 Uhr

Siófok
0
600 m
Balaton
Hafen
Aranypart Hotel
Hotel Holiday
Cocktail Bar
Jókai park
Museum für Funk- und Nachrichtentechnik
Apartman Bella-Panzió
Hofbräu Étterem
Alter Bahnhof
Röm.-kath. Pfarrkirche
Ev.-luth. Kirche
Oulu park
Emmerich-Kálmán-Museum
Mineralienmus.
Millenium park
Kulturzentrum Süd-Balaton
Wasser-turm
Emmerich-Kálmán-Café
Dániel Vendéglö
Beszédes-József-Múzeum
Csárdás
Schloss
Janus Atrium Hotel
Ramona Hotel
Hotel Kentaur
Béke park
Beszédes József sétány
Petőfi sétány
Mártírok
Hermann O. u.
Szent László u.
Vas G. u.
Muzsinszki u.
Garay J. u.
Csokonai V. M. u.
Lóczy L. u.
Szent László
Tamási
Tátra
Táncsics
Mátyás király
Batthyány Lajos
Kinizsi Pál u.
Ady Endre u.
Indóház u.
Kossuth Lajos u.
Fő utca
Fő u.
Sió u.
Vámház u.
Danjanich u.
Fenyves sor u.
Wesselényi u.
Aradi vértanuk útja
Sziget u.
Ipar u.
Tanácsház utca
Dózsa György u.
Klapka György u.
Fürst Sándor u.
Semmelweis u.
Vakbottyán u.
Sió
Bajcsy-Zsilinszky u.
Ádám
Béri Balog
Eötvös József u.
Vasvári Pál u.
Irinyi János
Rét u.
Alsó
Galérius u.
Fekete I. u.
Lipták G. u.
Jankó J. u.
Mészáros Lőrinc u.
Rózsa u.
Bányász u.
Zrínyi Miklós u.
Hunyadi János u.
Kele u.
Bem J. u.
Kert u.
Árpád u.
Báthori f. u.
Erdei Ferenc u.
Reviczky Gyula u.
Somogyi utca
Váci Mihály u.
Sz kesfehérvár
©MERIAN-Kartographie

Mineralienmuseum ■ c 2
Ungarns größte einschlägige Privatsammlung; ansprechend gemacht.
»Asványmúzeum«, Kálmán Imre sétány 10; Tel. 84/350-038; tgl. 9–18 Uhr, Hochsaison bis 22 Uhr

Essen und Trinken

Cocktail Bar ■ bc 1
Szene-Bar in Hafennähe mit unwiderstehlichen Cocktails und Eisbechern!
Mártirok u. 8; Tel. 30/351-1693 ★

Csárdas ■ a 2
In diesem stimmungsvollen Garten wird landestypische Kost serviert.
Fö u. 105; Tel. 84/30-642; www.restaurantguide.hu/csardas ★★

Dániel Vendéglö M ■ b 2
Mit der originellen Bühne im 1. Stock lockt das Restaurant nicht nur Gäste, sondern auch einheimische Prominenz in den Garten unter Bäumen.
Kálmán Imre sétány 3; Tel. 84/310-632 ★★

Emmerich Kálmán Café M ■ b 2
Café und Restaurant mit exzellenten Kuchen, Teespezialitäten, Palatschinken. Eigene Eisherstellung und alles bei Kálmán-Imre-Musik!
Kálmán Imre sétány 13; Tel. 84/310-651, 510-102 oder 30/94 71-186 ★ / ★★

Hofbräu Étterem ■ c 1–2
Saubere, moderne Gaststätte mit vernünftigem Preis-Leistungs-Verhältnis.
Petőfi sétány ★★

Romantika Borozó
Grillrestaurant draußen unter Bäumen, Weinkeller innen.
Váczi Mihaly u.; Tel. 84/317-145 ★★

Einkaufen

Lady-Moden, Dessous, Parfümerie
Im neuen Shopping- und Bürokomplex gegenüber dem Kulturzentrum am Fö tér sind schöne Mitbringsel zu erstehen: so etwa im Shoppingcenter **Kálmán-Hof**, im Laden **Folk+Arts**, in mehreren Musikläden bekommt man Kálmán-Imre-CDs, im **Csecse-besce** Keramik der Herend-Manufaktur.
Fö u. 224

Lebensmittel, Obst, Gemüse ■ b 2
Bestens geeignete Markthalle für alles, was die Landwirtschaft hergibt.
Westlich des Sió-Kanals

Magyar Temelek Tára ■ c 1
Weinspezialitäten mit Geschenkartikeln, hübsch geschliffene Weingläser.
An der Promenade

Souvenirs ■ bc 2
Bunte Stände mit einem wahnsinnig großen Souvenir- und Markenpiraterie-Angebot für jeden Geldbeutel!
Kálmán Imre sétány

! MERIAN-Tipp

Dampfer-Panoramafahrt Seit vor 156 Jahren das erste Dampfschiff auf dem Balaton fuhr, verspricht eine Dampfer-Panoramafahrt immer noch für zwei, drei Stunden Ruhe auf dem See und eine beschauliche Besinnlichkeit. Dazu weht im Sommer eine kühle Brise, an Bord gibt es ein Glas gekühlten Balaton-Weins und dabei den Ausblick auf die sanft schwingenden Höhenzüge des Ufers. Eine Abwechslung anderer Art bietet die **Weinprobetour** oder die **Sonnenuntergangstour**, eine romantische Fahrt dem rot-orange glühenden Feuerball entgegen, bevor er am Horizont verschwindet. Ein Gläschen Sekt hilft über die Trübsal, dass schon wieder ein schöner Balaton-Tag vorüber ist!

Am Abend

Beach-Hause-Party ■ c 2
Ein ständiges Angebot mit Techno-Musik vor allem für junge Leute.
Petőfi sétány

Dinner-Event
Ganz im mittelalterlichen Stil werden im **Camelot** deftige und zünftige Speisen serviert.
Siófok-Ezüspart, Deák Ferenc u. 2

Diskotempel Palace
Heißes auch abends und in der Nacht!
Deák Ferenc u. 2

Kulturzentrum ■ c 2
In der Saison nahezu täglich Veranstaltungen, v. a. Operetten des Komponisten Emmerich Kálmán, im Haus befindet sich ein Theatercafé.
Fö tér 2; Tel. 84/311-855, Fax 310-556

Musikdampfer
Romantische Tanztouren mit dem Dampfer auf dem See.
Mahart; Tel./Fax 84/310-050; www.balaton.hu/mahart.

Orgelkonzerte ■ c 2
Während der Saison finden in der röm.-kath. Kirche Konzerte, aber auch Meisterkurse für Organisten statt.

Service

Tourinform am Wasserturm ■ b 2
Viztorony; Tel. 84/315-255, Fax 310-117; Siófok@tourinform.hu

Medizinischer Notdienst für Touristen
Hospital: Semmelweis u.; Tel. 310-500; Rettungsdienst: Tel. 311-110 oder 310-110

Taxi
Emil Bokros; Tel. 30/93 66-966

Schifffahrten
Alle Informationen: Tel./Fax 84/310-050

Ziele in der Umgebung

Nagyberény ■ C 8, S. 118

15 km von Siófok über die Nationalstr. 65 in südlicher Richtung erreicht man eine hügelige Feld-, Wald- und Wiesenlandschaft mit dem Kirchenhügel von Nagyberény. Einen fantastischen Panoramablick auf den Ort hat man von der **Füzfa Csárda** der Familie Ila (Schild vom Ortseingang aus folgen). Außerdem ist der Landgasthof mit Übernachtungsmöglichkeit für sich schon eine Oase, um auszuspannen! (Szbadsád u. 44/a; Tel. 84/582-922, Fax 582-923).

Töreki-Seen ■ B 7, S. 118

14 km südwestlich von Siófok liegt ein Naturschutzgebiet mit den Töreki-Seen, entstanden aus dem Flüsschen Cinege. Die traumhafte Landschaft lädt zu Spaziergängen und Radtouren durch die Töreki-Puszta ein.

Zala ■ B 8, S. 118

Über die Nationalstraße 65 erreicht man nach etwa 30 km Fahrt Richtung Süden das kleine Dorf Zala. Hier liegt das Landhaus des hier geborenen Malers und Grafikers Mihály Zichy (1827–1906), der mit seinen vor allem historischen Gemälden und Buchillustrationen überregionale Bekanntheit erlangte (Zichy M. út 20; Di–So 10–16 Uhr).

Zamárdi ■ B 7, S. 118

2200 Einwohner

Vom Rasenstrand des mit Siófok übergangslos zusammengewachsenen Ortes Zamárdi hat man einen großartigen und weiten Blick über den See (ca. 8 km) auf die Hügellandschaft des Nordufers. Das etwa 3 km lange Ufer von Zamárdi weist schilfbestandene und ruhige Buchten auf.

Neu ist dagegen der Sandstrand an der Bácskai u. und Táncsies u. Parkplätze und Strandbesuch sind kostenlos. In den Buchten sollen früher riesige Wölfe geheult haben, die auf Beutejagd waren; daher verließ man damals die gemütliche Csárda besser nicht. Was heute heult, sind allenfalls die überdrehten Lautsprecher in den Diskos.

Zwischen Tihany und Szántód fährt eine **Autofähre**, die einzige zwischen beiden Ufern – schon die Stiftungsurkunde der Abtei von Tihany (1055) erwähnt übrigens Szántód als Übergangspunkt.

Bis Zamárdi kann man für die Rundstrecke um das »Ungarische Meer« die Autobahn M 7 (gebührenfrei!) benutzen, dann geht die M7 in die Nationalstraße 7 bis zum Kreisel hinter Balatonkeresztúr über, ab hier ist es die Nr. 68, später die 71 nach Keszthely.

Hotels/andere Unterkünfte

Clubhotel Aquamarin
Direkt in Seepanoramalage; kleines Haus mit angenehmer Atmosphäre.
Harcsa u., Tel. 84/347-282, Fax 347-281; 20 Zimmer ★★★

Familia Hotel
Das mittelgroße Hotel weist gute Angebote auf: Restaurant, Hallenbad, Sauna, Fitness, Massage, Friseur, Sportanimation.
Endrédi u. 1/A; Tel./Fax 84/348-750 oder -933; 52 Zimmer ★★★

Galopp Lovas Üdülöfalu
Hinter dem Gasthaus Kocsi Csárda liegt versteckt ein Reiterhotel, das den Charakter einer Dorfstraße mit Schilf gedeckten Häusern hat, daneben ein kleiner See.
Zamárdi-felsö, Siófok út; Tel. 84/349-010, Fax 349-020; E-Mail: kocsicsarda@axelero.hu, www.kocsicsarda.hu; 60 Zimmer ★★

Villa Rosa Hotel
Exzellente Zimmer; zur Villa gehören ein Garten sowie ein Badesteg in einer eigenen kleinen Bucht, außerdem ein Restaurant.
Zamárdi-felsö, Gáspár András út 23; Tel. 84/344-8849, Fax 347-856; www.hotels.hu/villa-rosa-zamardi ★★★

Spaziergang

Der alte Ortskern liegt jenseits der Straße 7, er bietet nichts Sensationelles, ist aber dennoch einen Spaziergang wert. Von der Fö utca aus hat man einen weiten Blick über das Pannonische Meer. Alternativ dazu unternehmen Sie eine Wanderung zum **Szamárkö** (Edelstein) vom Bahnhof aus – eine einsame Felsgruppe auf dem Kö-Berg, vermutlich eine uralte Opferstätte.

Sehenswertes

Aussichtsturm Zamárdi
Den Turm findet man im alten Dorf Zamárdi, rechts in die Fö u., geradeaus in die Romai út, dann dem Schild »Kiláto dülö« folgen. Hat man ihn gefunden, entschädigt eine grandiose Aussicht – bei gutem Wetter über den gesamten See.

Balatonendréd
5 km südlich von Zamárdi liegt dieses Dorf, ein Kunsthandwerkszentrum mit Ausstellung über die Geschichte des Spitzenklöppelns. Diese handgearbeiteten Kunstwerke der Frauen werden in den Sommermonaten auf dem Markt verkauft.
Klöppeleimuseum Kájel, Balatonendréd, Kossuth u. 30; Tel. 84/349-653; 1. Juni–30. August tgl. 13–17 Uhr

Tóköpuszta und Kocsi Csárda
Folklore- und Reiterprogramme.
Zamárdi-felsö, Siófoki u.; Tel. 84/349-010, Fax 84/349-020; www.kocsicsarda.hu; 5. Apr.–30. Nov.

Oben: Nicht nur der Wiener hat ein besonderes Verhältnis zum Tod, auch der Ungar – Denkmal in der Altstadt von Siófok.

Mitte: Quirliges Leben herrscht in der Emmerich-Kálmán-Straße, zahlreiche Kioske bieten jede Art von Souvenirs, aber auch Markenpiraterie an.

Unten: Das Emmerich-Kálmán-Museum in der gleichnamigen Straße zeigt in einigen Räumen Originalmöbel und Kálmáns Pianoforte sowie nachgestellte Szenen aus seinen bekanntesten Operetten.

Museen

Tájház Dorfmuseum
Inmitten des alten Dorfes Zamárdi mit seinen vielen schönen Beispielen volkstümlicher Architektur (z.B. Fö u. 120, 129), bietet das Dorfmuseum in einem mit Schilf gedeckten alten Bauernhof typische Einrichtungs- und zahlreiche Gebrauchsgegenstände zur Besichtigung an.
Fö u. 83; Tel. 84/349-409; Juni–Aug. Di–So 10–12 und 16–18 Uhr

Essen und Trinken

Happy End
Etwas Besonderes: ungarische Spezialitäten vom Grill oder aus dem Steinofen, Zigeunermusik.
Purébl Györö út 19/Ecke Kiss Ernö u.; Tel. 84/348-771 ★★

Hoffmann
Livemusik im Restaurant und Biergarten, kleine Panzió.
Szent István u. 2; Tel. 84/348-965; www.restaurantguide.hu/hoffmann; www.balaton.net/hoffmann.htm ★★

Rév Csárda
Landgasthof »Zur Fähre«, ganz in der Nähe des Fähranlegers. Das Haus wurde 1839 errichtet und originalgetreu restauriert. Abendprogramme wie Bauernhochzeit oder Weinlesefest, sehr romantisch und schön!
Szántód, Rév út 1; Tel./Fax 84/345-346 ★★

Einkaufen

Treffpunkt Gar 2000
Für Freunde einer »Obstkur« werden hier hauseigene Edelbrände aus Äpfeln, Aprikosen, Birnen, Holunder, Kirsche oder Quitte angeboten, auch Brände der Traubensorte Cabernet oder Merlot. Verkostungen im Garten bei Kerzenlicht.
Zamárdi-felsö, Véscey Károly u. 72; Tel. 209/164-906; www.treffpunkt2000.hu

Am Abend

Körsö-hegy
In der spätgotischen Kirche finden im Sommer Kammermusikkonzerte statt.

Service

Tourinform
Kossuth Lajos u. 16; Tel./Fax 84/345-290; E-Mail: zarmardi@tourinform.hu

Medizinischer Notdienst für Touristen
Zamárdi, Honvéd u. 4

Szántód/Szántódi-rév

■ A 7, S. 118

Bei der Weiterfahrt sollte man einen Abstecher an die Anlegestelle Szántódi-rév machen. Mit etwas Glück erlebt man am Ufer in einer schönen Csárda eine für den Touristen inszenierte, aber fröhliche, folkloristische **Bauernhochzeit**: Zigeunerweisen, Gulasch, Paprika, Csárdas, Wein – eben alles, was das Touristenherz erfreut und erleben möchte.

Gemessenen Schrittes naht der Zug mit Braut und Bräutigam, die Hände in die Hüften gelegt, drehen und wippen die Körper zu den Klängen des feurigen Brautmarsches. In den frischen, bunten Trachten nahen die Mädchen und Frauen, weite rot-grün bedruckte und bestickte, spitzengesäumte Röcke, darüber plissierte weiße Schürzen, über dem Mieder ein großes Tuch kreuzweise in den Rockbund gesteckt. Die weißen Blusen kostbar in farbenfroher Matyó-Stickerei ausgeführt, weit gebauschte Ärmel über den gebräunten Armen. Und auf dem Kopf jene bekannten, traumhaften Häubchen mit langen, bis in den Rücken reichenden Schleifen! Vier dieser jungen Mädchen tragen das rot-weiß gestreifte Brautoberbett. Verschmitzt lächelnd folgen junge Burschen und Männer, nicht so farbenfroh, nur kurze schwarze Westen über leichten Hemden mit weiten Ärmeln, einziger Schmuck die blitzblank geputzten Lederstiefel.

Auf einer Holzlade wird das Hochzeitsmahl hereingetragen: Kesselgulasch in schwarzen Eisentöpfen.

Übrigens, dafür die Köchin zu loben, nützt nach ungarischer Sitte gar nichts. Erst die leere Schüssel beweist, dass ihr Gericht gelungen war: »Finom a pörkölt!« – »Das Pörkölt schmeckt gut!«

So nimmt das Fest in der Gartenschänke seinen Lauf, bis nach Sonnenuntergang, wenn der Froschgesang den Tag verabschiedet. Weiße Flecken leuchten auf, Stallwand, Friedhofsmauer, Kirchturm. Ein Storch segelt lautlos im warmen Wind, der nach Staub und Korn schmeckt. Die Hochzeitsgesellschaft und alle Gäste sitzen am Tisch beim Wein; nun klingen nur noch »des trockenen Holzes Tränen«, die allen im Ohr bleibende, zu Anfang feurige, jetzt schon melancholische Zigeunermusik mit Geigen, einer Klarinette und dem Zymbal, das mit Klöppeln geschlagene Saiteninstrument. Der »Bande«, wie so eine Gruppe genannt wird, steht der Primas vor, der erste bzw. Sologeiger. Alle hören sachkundig zu: Kellnerin, Schankburschen, Gäste. Ob er »in der Stille den Bogen ziehen lässt« und sich dabei auch schön präsentiert? Verschmilzt seine Bande mit ihm? Treffen diese geisterhaften Höhen und Tiefen der ungarischen Melodie das Herz? (Szántód, Rév út 1; Tel./Fax 84/345-346).

! MERIAN-Tipp

Mulatschak oder die Bauernhochzeit Die Operetten Lehárs oder Kálmáns zeigen immer diese farbenfreudigen, übermütigen und trinkfrohen Feste, die in Ungarn **Mulatschak** genannt werden. Hier geht es ausgesprochen ausgelassen zu, ja häufig schlägt man ziemlich über die Stränge. Aber, es ist Urlaub, es sind Ferien, Tage auch ausgelassener Erlebnisse. Also, mitgemacht bei der Bauern- oder Zigeunerhochzeit. Keine Aufforderung zum Csárdas ausschlagen: Man legt eine Hand in die Seite, die andere hinter den Kopf, tanzt aufrecht und betont nach den Klängen der Zigeuner-Banda! Und dabei blickt man tief in die Augen der/des Gegenübers! Die Hitze des Csárdas aber löscht man mit kühlem Wein. In der Nähe des Fähranlegers von Szántód, 1839 errichtet, originalgetreu restauriert, finden solche Abendprogramme statt. Szántód, Rév út 1; Tel./Fax 84/345-346 ★★

Szántódpuszta ■ A 7, S. 118

Hier findet der Besucher »reine Nostalgie« in der Rückerinnerung an »Ich denke oft an Piroschka«. In 30 originalgetreu restaurierten Gebäuden wird das Leben des 18./19. Jh. auf einem Gutshof dargestellt: Volkskunst, Reitervorführungen und Csárda! (Tel. 84/348-946, Fax 348-947; Apr.–Juni, Sep.–Okt. tgl. 9–17, Juli–Aug. 9–19 Uhr).

Das **Kulturzentrum** in Szántódpuszta mit Originalgutshof beherbergt eine Ausstellung zur ungarischen Agrargeschichte. Die Restaurierung der Gebäude gelang so gut, dass das Zentrum den Europa-Nostra-Preis bekam. Das Zentrum umfasst das Herrenhaus (1716), einen Wagenschuppen und den Stall des Gestüts. Im Weinkeller wird die Geschichte der Weinkultur dargelegt, im Getreidespeicher das volkstümliche Kunstgewerbe, das Gesindehaus zeigt lokalhistorische Gegenstände.

Der Aufstieg zur 250 Jahre alten **Christoph-Kapelle** auf dem Kápolna-Hügel wird mal wieder mit einer weiten Sicht auf das Nordufer belohnt (Tel. 84/348-946, Fax 348-947; Apr.–Juni, Sep.–Okt. 9–17, Juli–Aug. 9–19 Uhr).

Balatonföldvár

A 7, S. 118

3000 Einwohner

Etwas versteckt, weil abseits der Nationalstr. 7, liegt der Strand von Balatonföldvár. Földvár bedeutet so viel wie »Erdburg« (vermutlich eine eisenzeitliche keltische Wallburg). Es waren aber die Villen und kleine schlossähnliche Gründerzeitbauten, die Földvár im 19. Jh. unter der aristokratischen Gesellschaft bekannt gemacht haben, als die Adelsfamilie Széchenyi die **Uferpromenade** anlegen ließ. Doch das Mondäne jener Zeiten ist vergangen, geblieben ist allerdings die von den Prachtvillen gesäumte Uferpromenade und ein außerordentlich schöner Ausblick vom Badestrand auf das Nordufer mit der Halbinsel Tihany – zum Greifen nahe!

Hotels/andere Unterkünfte

Anna-Maria Villa
Hotel mit eigenem Strand, kein Restaurant, aber Café, Bar, Wassersportangebote.
Rákóczi u. 9; Tel. 84/340-315, Fax 540-007; E-Mail: amv@matavnet.hu, www.hotels.hu/annamaria; 20 Zimmer ★★★

Del Porto
Wie der Name schon sagt – 100 m nur vom Hafen entfernt liegt dieses kleine familiäre Haus, das zwar einfach, aber gepflegt geführt wird.
Bajsy-Zsilinszky u. 15.; Tel. 84/340; www.miwo.hu/klub-hotels-balaton; 6 Zimmer, 8 Apartments ★★

Riviera Hotel
Strandhotel mit Restaurant und vielen Sportangeboten.
Somogyi Béla u. 5; Tel. 84/340-000 oder -001; Fax 340-002; E-Mail: hotel@mail.elender.hu, www.hotels.hu/riviera; 134 Zimmer ★★★

Sehenswertes

Hafen
Zwei Molen (nach Osten und Westen) schließen die Bucht von Földvár ein, in der Mitte liegt die »Taubeninsel« – Galambsziget. 400 Liegeplätze weist der Hafen von Földvár auf – er gilt als einer der schönsten rund um den Plattensee –, sicher hinter den Kaimauern und mit einem hübschen Pavillon geschmückt.

Körös-hegy
Die röm.-kath. Kirche (15. Jh.), ca. 3 km von Földvár, ist ein Kleinod gotischer Baukunst mit einem an den Chor angebauten Turm, getreu der franziskanischen Tradition. Auf der Orgel (renoviert vom namhaften Orgelbauer Endre Kovács) finden an Sommerabenden Konzerte statt. Früher stand ein Franziskanerkloster daneben, das im Lauf der Zeit verfiel.
Dózs György út/Petőfi Sándor út

Kvassay sétány
Über die schattige, schmal bepflanzte 1200 m lange Promenade kann man sich unter den alten Platanen so herrlich ergehen und beim Anblick der alten Villen Bilder aus k.u.k.-Zeiten heraufziehen lassen.

Petőfi Sándor utca
Kern des alten Földvár ist die Petőfi Sándor utca, an der die ersten Villen errichtet wurden, so die Villa Korányi,

Die Uferpromenade in Balatonföldvár wurde von der Adelsfamilie Széchenyi angelegt – großzügige Blumenbeete und ein großer Segelhafen.

das Haus des Leibarztes der Familie Széchenyi, deren Villa gleich nebenan liegt (Nr. 9 und 13). Noch ein wenig weiter bergan steht die erste Kapelle von Földvár, 1897 errichtet. Der Serpentinenweg entzückt mit immer neuen schönen Ausblicken.

Essen und Trinken

Am Hafen bieten kleine, im Schatten liegende Pavillons leckeres Eis, frisches Obst aus dem eigenen Anbau oder sogar ein schäumendes »Hofbräu« an.

Flekken Csárda
Landgasthof am Ortsausgang Richtung Köröshegy; bekanntes Restaurant mit guten Weinen der Region.
Dózs György út 3; Tel. 84/340-048; www.restraurantguide.hu/flekken-koroshegy
★★

Forras Vendéglö
Bodenständige ungarische Küche, Zigeunermusik.
Budapesti út 147; Tel. 84/340-855 ★★

Am Abend

Verschiedene Angebote für Jung und Alt: von Diskos für Jugendliche über klassische Konzerte am Brunnen der Széchenyi u. (oder auch im Gemeindehaus »Gizi Bajor«) bis zu Orgelkonzerten in der röm.-kath. Kirche während der **Földvárer Musikabende** (Infos bei Tourinform).

Service

Tourinform
Széchenyi Imre u. 1; Tel. 84/700-036, Tel./Fax 340-916; E-Mail: bajorgizi@axelero.hu

Medizinischer Notdienst für Touristen
Poliklinik, Szabadság tér 1; Tel. 84/340-113
Zahnarzt Tel. 84/340-670

Taxi
Kuridi József; Tel. 30/94 69-030
Non-stop Taxi; Tel. 30/95 69-433

Balatonszárszó/ Balatonszemes

■ A 7, S. 118/F 2, S. 117

3.800 Einwohner

Balatonszárszó wurde nach einem trockenen Tal benannt. Mit dem Ort verbindet sich die tragische Geschichte des schwermütigen Dichters Attila József, in dessen einstigem Wohnhaus heute eine Gedenkstätte eingerichtet ist. Viel fröhlicher dagegen ist der gepflegte **Tóparti-Park** mit Strand anzusehen, der gleich vom Bahnhof aus zu erreichen ist. Der Ortskern weist nur wenige Geschäfte auf – wer einen ruhigen Ferienort sucht, hat ihn hier gefunden.

Balatonszárszó geht nahtlos über in den nächsten Ort Balatonszemes. Dieser bietet dem Burgenfreund noch romantische Winkel rund um die 1900 errichteten Teile der **Eulenburg** (Bagolyvár) an. Noch mehr besticht der Ort durch seinen dörflichen Charme, dessen Badeleben sich zwischen Eisenbahnlinie und Ufer abspielt. Auf der anderen Seite der Bahn liegt das alte Villenviertel; von dort führen Wege und Treppen zum **Fenyves-Park** und zum Balaton. Szemes ist eine besondere Adresse für Camping- und Wohnmobilgäste.

Hotels/andere Unterkünfte

Holiday Hotel
Mittelgroßes Hotel mit eigenem Strand, Pool, Garten, Restaurant, Bar, Café und diversen Sportangeboten.
Csárda u. 22; Tel./Fax 84/363-300; www.hotels.hu/holiday; 36 Zimmer ★★★

Két Korona Panzió
Sehr familiär geführte Pension 300 m vom Balaton mit Restaurant, Terrasse, Garten und Abendprogramm.

Balatonszárszó, Csárda u. 18; Tel. 84/363-115, Fax 362-823; www.ketkorona.hu; 34 Zimmer ★★

Kid Familia Panzió

Eine einfachere Pension mit Restaurant, Garten und verschiedenen Sportmöglichkeiten.
Ady e. u. 24; Tel./Fax 1/229-1087; www.hotels.hu/kid; E-Mail: kidkft@freemail.hu; 15 Zimmer ★

Nature Hotel

Ebenfalls mit eigenem Strand bietet dieses Hotel verschiedene Wassersportarten und Angeln.
Berzsenyi D. u. 12; Tel. 84/362-927, Fax 351-145; 2 Zimmer ★★★

Parkhotel Szindbád

Von außen wie ein Schlösschen, jedoch etwas spartanische Einrichtung, dennoch ein Pool; Apartments.
Árnyas fasor 1; Tel. 84/361-071, Tel./Fax 361-091; www.szindbad.hu ★★

Sehenswertes

Attila-József-Monument

Im Uferpark von Balatonszárszó steht das Denkmal für diesen Dichter, dessen Grab bis zur Überführung auf den Friedhof hier lag.

Barockschloss Hunyady

Ehemals der Gutshof der Grundbesitzer dieser Gegend. Der denkmalgeschützte Getreidespeicher am Herrenhaus mit Säulen und Laubengang (heute eine Schule) betont den landwirtschaftlichen Charakter des Anwesens.

Grenzburg aus der Türkenzeit

Zur Erinnerung an die Türkenüberfälle wurde im Jahr 1900 im Stil alter Ritterburgen die »Eulenburg« errichtet; Turm, Wendeltreppe und Burggraben haben einen romantischen Winkel entstehen lassen.
Bagolyvár u. 16

Kirchenruine Rádpuszta

Nur noch eine Ruine aus dem 13. Jh. ist von der Kirche im Ortsteil Rádpuszta mit 8 bis 10 m hohen Sandsteinmauern, Gewölbekonsolen und äußeren Strebepfeilern geblieben.

Röm.-kath. Pfarrkirche

Dieses Gotteshaus war ursprünglich ein romanischer Bau, der nach schweren Beschädigungen während der Türkenzeit wieder im Barockstil aufgebaut wurde.
Fö u. 23

Somogyer Berge

Von Balatonszárszó folgt man der Beschilderung nach Szólád. Diese Straße führt in eine herrliche Hügellandschaft – die Somogyer Berge, mit dem Csillagó-hegy bei Kötcs als höchster Erhebung (314 m).

Museen

Gedenkmuseum Attila József

Hier wird des Dichters Attila József (1905–1937) gedacht, der tragisch – ob Selbstmord oder Zugunfall ist bis heute ungeklärt – ums Leben kam. An ihn und seine Arbeit erinnert das Museum in seiner letzten Wohnung.
Balatonszárszó, József Attila u. 7; Tel. 84/314-312; Apr.–Okt. 10–18 Uhr, sonst 10–14 Uhr

Gedenkmuseum Károly Reich

Im Geburtshaus des Grafikers Károly Reich erinnern zahlreiche Exponate an dessen Schaffen.
Zrinyi Miklós u. 17; Tel. 84/360-631

Latinovits-Ausstellung

Diese Ausstellung bewahrt das Gedenken an den Schauspieler Zoltán Latinovits.
Bajcsy-Zsilinskzky u. 5; Tel. 84/345-160

Postmuseum

Im barocken Stall der ehemaligen Poststation von 1789 zeigt eine klei-

ne, aber interessante Sammlung die Entwicklung der Postfahrzeuge von der Kutsche bis zum Auto sowie Maschinen und Einrichtungen der einzigen, noch erhaltenen Poststation des Südufers.
Balatonszemes, Bajcsy-Zsilinszky u. 46 (gleich an der Hauptstraße); Tel. 84/345-160; Di–So 10–18 Uhr

Essen und Trinken

Gamauf Panzió M
Für eine Steigerung des Lebensgefühls sorgt die Familie Gamauf: Wie Gott in Ungarn fühlt man sich auf der Seeterrasse bei einem guten ungarischen Essen und der Musik einer Zigeuner-Banda.
Jókai u. 82; Tel./Fax 84/361-185 ★★

! MERIAN-Tipp

Bujdosó Das Restaurant mit Weinkeller gegenüber dem Schloss ist eine noble Adresse. In dem romantischen, historischen Keller (wenigstens 250 Jahre alt) mit einer Ziegelsteindecke können Einzelgäste und Gruppen köstlich speisen und dazu aus dem eigenen Weinbau eine Verkostung mit den Trauben der Traminer-, Chardonnay-, Merlot- oder Riesling-Reben vornehmen. Ein ganz besonderes Menü besteht aus Wildragoutsuppe mit Rahm und Estragon, dann dem Leibgericht des Chefs selbst: nämlich geräucherten Eisbeinwürfeln mit Kartoffelnockerln und Schafskäse oder einer knusprigen Gänsekeule aus dem Backofen mit Weinkraut. Balatonszemes, Gárdonyi Géza u. 2; Tel. 84/361-188 oder 20/921-3742 ★★★ ■ F 2, S. 117

Kékfrankos Pincegaléria
Südlich des Ortes bietet dieses kleine Restaurant mit Weinkeller neben zünftigen Gerichten (Spanferkel, Kesselgulasch) auch die Werke des Wirtes und Malers Ferenc Böröczky sowie die Weine des Sohnes.
Bagódombi út; Tel. 84/360-580 ★★

Tóparti Étterem
Im Restaurant gibt es ein bodenständiges Angebot und gleich nebenan eine Fischbraterei für den Fischfreund.
Mikszáth Kálmán u. 1 ★★

Am Abend

Ein öffentliches Abendprogramm bieten diese beiden Orte weniger; Angebote sind nur in den einzelnen Restaurants mit Folkloreabenden, Weinproben usw. zu finden.

Service

Tourinform
Siotour, Fö u. 5; Tel./Fax 84/362-956

Borkút

Hier liegt einer der berühmtesten Weinberge der Region. Darüber hat der Reiterklub seine Stallungen. Unweit davon kann man in **Marópuszta** das Nationalgestüt der »Gidran-Rasse« bewundern. Die Zucht dieses anglo-arabischen Halbbluts ist Baron Fechtig zu verdanken. Und auch der Ruhm der ungarischen Husaren liegt auf diesen ausdauernden Füchsen.

Nach einer Fahrt von 5 km gen Süden erreicht man die **Rádpuszta** mit ihren weitflächigen Fischteichen. Außerdem sind bemerkenswerte Ruinen einer Kirche aus dem 13. Jh. zu sehen. Im Restaurant **Balaton-Keller** (Ortsausgang) kann man einen Weinkeller von 1860 betreten, wo 45 000 Liter in Holzfässern lagern. Ein Pferdesportzentrum liegt gegenüber dem Restaurant.

Mediterrane Stimmung und Wein,

Lelle und Boglár – die internationale Stadt des Weins mit einem seidenweichen Sandstrand.

Balatonboglár/ Balatonlelle

■ EF 2, S. 117

6000/5000 Einwohner

Zu einem 12 km langen Feriendomizil sind diese beiden Orte zusammengewachsen. Der schönste Teil liegt beim Szent István tér mit einer wahrlich mediterranen Stimmung. Am Bahnhof beginnt die lange Seepromenade, die an heißen Sommertagen angenehmen Schatten spendet.

Von beiden Orten ist Balatonboglár wegen seiner gepflegten Weinplantagen der bekanntere Ort – eine internationale Stadt der Trauben und des Weines sowie das Zentrum des Weinbaugebietes Balatonboglár (→ S. 18 zum staatlichen Weingut).

Im Jahr 1979 wurden beide Orte vorübergehend zu einer Gemeinde namens Boglárlelle zusammengelegt, doch die Bürger votierten 1991 für eine erneute Trennung.

Hotels/andere Unterkünfte

Familia Hotel
Mittelgroß, aber einfach stellt sich dieses Hotel am Strand dar, mit Restaurant, Café, Garten, Reit- und Wassersportangeboten.
Balatonboglár, Kodály Zoltán u. 64; Tel. 85/350-604 oder -705, Fax 550-070; www.hotels.hub/bb-familia; 56 Zimmer ★★

Françoise Hotel
150 m vom See, dennoch eine hauseigene Badeplattform am See, dazu Restaurant und Weinkeller, viele Sport- und Wellnessangebote.
Balatonlelle, Köztársaság u. 31; Tel. 85/352-429, Fax 352-233; www.balaton.net/kontaktt.htm ★★★

Margaréta Bungalows
Etwas einfacher zeigt sich diese Anlage, aber direkt am Strand, mit Garten, ohne Restaurant.
Balatonlelle, Köztársaság u. 54; Tel./Fax 85/354-008; www.hotels.hu/ margareta-bungallows; 60 Betten ★

Sunshine Hotel Bungalow
Mit eigenem Strand wirbt diese Bungalowanlage; Restaurant, Garten, Dampferanlegestelle, Wassersport.
Balatonlelle, Napsugár u. 8; Tel. 85/350-013 oder 351-107, Fax 554-102; www.hotels.hu/napsugar-blelle; 88 Betten ★★★

Villa Romantica
Kleines Hotel mit eigenem Strand und Wassersportangeboten.
Balatonboglár, Csejtei u. 15; Tel. 85/353-299 oder 352-115; 10 Zimmer ★★★

Wind Panzió
Kleine Pension mit 16 Zimmern, aber eigenem Badestrand, Café, Bar und einigen sportiven Angeboten.
Balatonboglár, Fiumei út 16; Tel. 85/353-852, Fax 1/388-4752; E-Mail: wind.pan@matavnet.hu, www.hotels.hu/wind; 46 Betten ★★

Sehenswertes

Balatonboglár
Der Hafen zeigt mit den Dampfern und den Segelschiffen im Schutz der Mole ein farbenprächtiges Bild. In der Ortsmitte, am stimmungsvollen **Vörösmarty tér** sind ein landestypischer Ziehbrunnen und die Statue eines ins Wasser steigenden Mädchens zu bewundern. Die Pfarrkirche von Boglár ist das erste »moderne« Gotteshaus aus Eisenbeton in Un-

garn (1932, Architekt Iván Kotsis). Beide Hügel des Ortes bestehen aus Basalttuff und Sand. Von dem höheren der beiden, dem Burghügel, hat man von der Kugel-Aussichtsplattform **János Xantus** eine großartige Aussicht. Auf dem niedrigeren Friedhofs- bzw. Kapellenhügel stehen zwei berühmte Kapellen, die nach ihrer Farbe Rote und Blaue Kapelle (19. Jh.) genannt werden.

Balatonlelle
Die **Röm.-kath. Kirche** aus rotem Sandstein, über einer Basilika aus dem 11. Jh. erbaut, verfügt über eine bemerkenswerte Orgel (3 Manuale, 29 Register). Das klassizistische **Schloss** der Familie Szalay (1838) in der Stadtmitte ist heute das Kulturhaus. Hier finden Kunstausstellungen, besonders von Holzschnitzern, statt. Im Schlosspark befindet sich eine Freilichtbühne für 1200 Besucher; im Sommer treten Rockbands auf und »Miss Balaton« wird hier gewählt.

Ein barockes **Herrenhaus**, ehemals der Familie Jankovich gehörend, liegt auf dem Hügel gegenüber der katholischen Kirche und ist heute eine Schule.

Irmapuszta
Zwölf Fischteiche mit einer außerordentlich interessanten Vogelwelt.
Südöstlich von Balatonlelle

Kentaur Puszta
Reiter- und Folklorefreizeitdorf im Süden von Boglár: 38 Pferde, Kutschfahrten, Reit- und Folkloreshows.
Balatonboglár, Kislaki u.; Tel./Fax 85/353-200

Kis-Berg (-hegy)
Etwa in einstündiger Wanderung von Balatonlelle aus (rote Markierung) zu erreichen. Zwischen den Weingärten liegt die St.-Donatus-Kapelle (1758), zu Ehren des Heiligen für den Weinbau errichtet, ihr gegenüber ein Winzerhaus mit Weinkeller in einer ehemaligen Kelter. Rund um die Kapelle erstreckt sich ein 136 ha großer Parkwald mit einzigartigem Panorama.

Museen

Fischl-Haus
Eine lokal- und industriegeschichtliche Sammlung; auch Handarbeiten, Gemälde und archäologische Exponate umfasst diese Ausstellung.
Balatonboglár, Erzsébet u. 12–14; Tel. 85/351-029 und 550-168; Mo–Do 8–12, 13–16, Fr 8–13 Uhr

Gedenkmuseum Lajos Kunffy
Etwa 8 km südlich an der Straße 67 gelegen, werden im ehemaligen Herrenhaus **Bosnyák** Exponate des Malers Lajos Kunffy ausgestellt.
Somogytúr; Árpád u. 2

Kapoli Museum
Das Museum mit Galerie befindet sich in einem restaurierten Bauernhaus (Ende 17. Jh.) mit Schnitzereien von Vater und Sohn Anatol Kapoli.
Balatonlelle, Kossuth Lajos u. 35; Tel. 85/351-556; Mitte Apr.–Mitte Okt. Di–So 9–13 und 15–18 Uhr

Kellergalerie
Im **Asachy-Schloss**, heute eine Musikschule, befindet sich eine Ausstellung bildender Künste.
Balatonboglár, Árpád út 1; Tel./Fax 85/550-063; im Sommer 13–20 Uhr

Kunstausstellungen
Auf dem Temetö-hegy werden wechselnde Ausstellungen angeboten.
Balatonlelle, Temetö-hegy; Juni–Aug.

Rote Kapelle, Blaue Kapelle
Auf dem Kapellen-Hügel über Boglár finden Ausstellungen heimischer Künstler statt, auf der Bühne vor der Roten Kapelle auch Konzerte.
Balatonboglár, Kápolna domb; Tel./Fax 85/550-063; im Sommer 13–20 Uhr

Vár hegy
Ein Aussichtsturm ist auf dem waldreichen Vár hegy zu besteigen, wenn man von der Kirche am Vörösmarty tér (Balatonboglár) über die Templom und Àrpád utca einen Spaziergang unternimmt.

Weinbaumuseum
Hier präsentiert sich die Weinregion Balatonboglár in einem klassizistischen Gebäude (1834) und führt in die Geschichte des Anbaugebiets ein.
Balatonboglar-Szölöskislak, Epres u.; Tel. 85/500-404; nach Voranmeldung ganzjährig geöffnet

Winzermuseum und Töpferei
Nur etwa 4 km von Boglár entfernt, wurde in Szölöskislak im ehemaligen Schloss Gaál dieses Winzermuseum eingerichtet. Hier befindet sich auch die bekannte **Légli-Töpferei**. Dort darf man sich umschauen und auch selbst einmal die Töpferscheibe bedienen.
Szölöskislak, Schloss Gaál, Epres u. 7

Essen und Trinken

Becsali Csárda
Wieder einmal ein mit Schilf gedeckter Landgasthof, der stimmungsvolle Atmosphäre verbreitet und traditionelle Gerichte anbietet.
Balatonlelle, Rákóczi út 56; Tel. 85/351-416 ★★

Gasthof Mühle
4 km außerhalb von Balatonboglár liegt diese Csárda mit einem schönen Biergarten.
Balatonboglár, Szölöskislak, Malom u. 1; Tel. 85/550-017 ★★

Matróz Étterem
Ein Restaurant am See (östliches Ortsende) mit Schatten spendenden, ausladenden Bäumen im Innenhof.
Balatonlelle, Köztársaság u. 64; Tel. 85/554-108 ★★

Am Abend

Konzerte in der röm.-kath. Kirche von Balatonlelle; Rockkonzerte auf der Freilichtbühne (Kossuth Lajos u. 2).

Service

Tourinform
Balatonboglár, Erszébet u. 12-14; Tel./Fax 85/550-168; E-Mail: balatonboglar@tourinform.hu

Medizinischer Notdienst für Touristen
Balatonboglár, Vikár B. u. 4; Tel. 85/351-419

Taxi
Am Bahnhof oder Tel. 350-082

Ziele in der Umgebung

Andocs ■ F 3, S. 117

Die katholische Kirche (Ende 15. Jh.) bietet Besuchern ihr barockes Langschiff von 1743–1767 und eine fast 500-jährige Holzstatue der Heiligen Jungfrau Maria dar. Bei Wallfahrten kommen jährlich Tausende von Gläubigen nach Somogytúr.

Fonyód ■ E 2, S. 117

5300 Einwohner

Noch Anfang des 20. Jh. verwandelte sich Fonyód bei hohem Wasserstand in eine Insel. 1895 waren schon die ersten Villen und Sommerhäuschen gebaut worden. Nun liegt hinter Hügeln verborgen die geballte Architektur von Fonyód, die fast übergangslos nach Balatonboglár auftaucht. Verlässt man aber die Straßen mit den einheitlichen Betonkästen auf Stelzen und wandert man entlang der roten Markierung auf den Vár hegy (Burgberg), so hat man nicht nur die Überreste einer Wallburg, sondern wieder einmal eine prachtvolle Aussicht auf das Nordufer. An den Seehang des **Sipos-Berges** wurden die Kirchen der Stadt erbaut, am Burgberg bereiten die schattigen Wanderwege und Aussichtspunkte ein schönes Ferienerlebnis.

Fonyód ist nicht nur Eisenbahnknotenpunkt seit dem Bau der Eisenbahn im 19. Jh. für Züge nach Prag, Dresden und Zagreb, sondern – viel romantischer – auch Haltestelle einer schnaufenden Schmalspurbahn. Daneben beherbergt der Ort nach Siófok den zweitgrößten **Fährhafen** an den Gestaden des Balaton.

Vom Bahnhof bis zum **Berzsenyi-Aussichtsturm** führt ein 4 km langer Weg, der sich lohnt, denn von oben bietet sich das beste Panorama über das Balaton-Oberland!

Hotels/andere Unterkünfte

Club Hotel Platános
Ein Großhotel mit eigenem Stand, Restaurant, Garten und Wassersportangeboten.
Fonyód-Bélatelep, Attila u. 1; Tel./Fax 85/361-915; 80 Zimmer ♿ ★★

West Place Hotel
Zwar nicht am Strand, aber mit einem Hallenbad ausgestattet, bietet das Apartmenthotel manche Annehmlichkeit, auch eine Bar für die Segler.
Vitorlás u. 24; Tel. 85/363-102, Fax 360-107; 6 Apartments mit 24 Betten ★★★

Sehenswertes

Die längste Mole am Balaton weist Fonyód auf: 464 m; hier ist auch die Aluminiumskulptur »Menschenpaar« (1960) von István Kiss zu bewundern. In der unteren Burg von Fonyód wurde eine Palisadenschanze nach archäologischen Funden rekonstruiert. Im Mittelalter war die Burg, inmitten eines morastigen Sumpfgebietes gelegen, als »Adlernest« bekannt. An dieser Stelle der ehemaligen berühmten Grenzburg gegen die Türken werden im Sommer Burgspiele veranstaltet.

Die schattigen Wege des Burgbergs von Fonyod laden zu erholsamen Wanderungen ein. Zwischendurch mag man auf einem der Bänkchen Platz nehmen und die Aussicht genießen.

Museen

Feng Shui Galéria
Szent István u. 82; Tel./Fax 85/360-242; www.Fengshuigaleria.com; Mo–Fr 9–13, 15–18 Uhr

Mini-Galerie
Ausstellungen das gesamte Jahr über.
Szabó Ferenc u. 3; Tel. 85/560-058; tgl. 9–16 Uhr

Nyári Galerie
Ausstellungen nur zur Hauptsaison.
Fürdö u. 2; kein Tel.; tgl. 9–16 Uhr

Essen und Trinken

Kakas Tanya
2 km vom Ortszentrum liegt dieses Restaurant mitten in freier Natur.
Kapsvár; Tel. 85/467-018; www.miwo.hu/kakas-tanya ★★

Öreg Présház M
In einem alten Kelterhaus (200 Jahre) kocht der Meisterkoch Sándor Kovacs für seine Gäste typische Gerichte der Region Somogy.
Lenke u. 21; Tel./Fax 85/705-530; www.kaposhotel.hu ★★★

Villa Galéria M
Das stilvolle italienische Restaurant bietet in einer Gründerzeitvilla direkt am Strand exzellente Gerichte an.
Fürdö u. 2; kein Tel. ★★

Service

Tourinform
Städtisches Kulturhaus Fonyód; Tel./Fax 85/560-058

Buzsák ■ E 3, S. 117

Im Landeshaus der Volkskunst aus dem 19. Jh.(u. a. Küche mit offener Feuerstelle) werden die schönen Stickereien der Buzsáker Volkskunst angeboten. Vor dem Heimatmuseum sitzen im Sommer Stickerinnen, denen man bei der Arbeit zusehen kann (22 km südlich von Fonyód; Táncsics Mihály tér 7; Mitte Apr.–Mitte Okt. Di–So 10–17, Juli–Aug. 10–18 Uhr).

Hotel

Piroska Puszta Panzió
Kleine Pension mit Restaurant und Garten, Parkplatz.
Pusztai u. 11/A; Tel. 85/431-144; 8 Zimmer ★★

Somogyvár ■ E 4, S. 117

Bei einer Fahrt südlich aus Fonyód heraus kommt man in die schöne Hügellandschaft der Somogyer Berge. In **Bencés apátság romjai** sind eindrucksvolle Ausgrabungen zu sehen: Die Benediktinerabtei auf dem Kupavár-Berg war einst das historische Zentrum von Somogy, das Quartier des Fürsten Koppány. Ladislaus I. ließ 1091 auf dem Hügel oberhalb des Moors von Nagy-berek eine Basilika zu Ehren des hl. Ägidius bauen. Das Kloster neben der Kirche bezogen Benediktiner; König Ladislaus erwählte die Abtei zu seiner Grabstätte. Das Kloster wurde in der Türkenzeit vernichtet. Die Grundmauern der Kirche und des Klosters sowie einige unversehrte Säulen des Kreuzweges kamen bei der Erschließung zum Vorschein (Apr.–Okt. Di–So 10–18 Uhr). Der Weg dorthin ist ausgeschildert.

Krishna-Tal »Krisna-völgy« ■ F 4, S. 117

Bei Somogyvámos leben in einem Bereich von 150 ha etwa 120 Menschen wie in Indien mit eigenem Tempel, Töpferwerkstat, Biofarm, Biobäckerei, mit vegetarischer Esskultur und eigener Schule (Fö u. 38; Tel./Fax 85/340-422; www.krisna.hu/krisna-volgy; 10–18 Uhr).

Balatonfenyves ■ D 2, S. 117

2300 Einwohner

Ein kleiner, bescheidener Ort mit langer Uferstraße. Früher einmal ein Teil von Fonyód, 1912 mit Nadelbäumen bepflanzt, nach denen der Ort benannt wurde. In diesem Kiefernhain entstanden Anfang des 20. Jh. die ersten Sommerhäuschen.

Von hier aus kann man mit der Schmalspurbahn den See verlassen, um ins Hinterland zu fahren, z. B. nach **Csisztapuszta**. Geheimtipp: kleines, aber wirkungsvolles Thermalbad mit hohem Anteil an Schwefel und Kohlensäure (Mai–Okt. 9–19 Uhr).

Spätestens ab Csisztapuszta fällt der Name »puszta«, klingen Erinnerungen an »Piroschka« und dieses Dorf mit dem für deutsche Gäste unaussprechlichen Namen (noch einmal, weil es sich so schön aussprechen lässt: »Hodmezövasarhelykutasipuszta«) an. Fünf Orte am Südufer nehmen den Namen -puszta für sich in Anspruch. Obwohl die großen weiten Flächen der bekannteren Puszta im Osten Ungarns und eine kleinere Puszta südlich von Budapest liegen, kann man doch hier die typische weite Graslandschaft erleben. Im Sumpf- und Moorgebiet von Nagy-berek, das einst mit dem Balaton verbunden war, brüten seltene Vögel wie Schwarzstörche, Silberreiher, Moorenten, Seeadler und Wachtelkönige.

Die idyllischen Landschaftsbilder täuschen. Trotz Bergen gelber Paprikaschoten, der schweren braun-weißen Kühe hinter Stangenzäunen, hoher Heumieten, weit hingezogener, weiß gekalkter und strohgedeckter Gebäude, Frauen mit Kopftüchern und Männern mit weitrandigen Hüten, ist das Bauernland auf dem besten Weg, ein moderner Industriestaat zu werden.

Aber noch gibt es sie, diese seit Hartungs Roman »Ich denke oft an Piroschka« heraufbeschworenen Szenen bäuerlicher Arbeit: grüne Streifen von Futterpflanzen, gelbe Stoppelfelder, auf den Hügeln kantig geschnittene Wälder, zu schönen schwarzen Furchen gekämmte Äcker.

Hotels/andere Unterkünfte

Bungalow Park

Im weitläufigen Park mit eigenem Strand liegen 58 Bungalows. Mit Restaurant, Bar, Dampferanlegestelle.
Hámán Kató u. 27; Tel. 85/361-840, Fax 363-076; www.hotels.hu/bungalow-park

Hubertus-Hof M

Wie der Name schon vermuten lässt, ein Reiter- und Jagdhotel mit Parkanlage. Ein Rastplatz für die Seele mit traditioneller Stimmung und exzellenter Ausstattung. Im Gestüt 150 Pferde, Reithalle und -schule, Tennis, Kutschfahrten; dazu ein Restaurant mit Wildspezialitäten aus eigener Jagd.
Nimród u. 1; Tel. 85/460-961, Fax 460-001; www.hubertus.hu ★★★

Essen und Trinken

Borostyán '82

Wer es gern scharf mag, der ist hier bei gefülltem Kraut oder deftigen Schweinsrippchen bestens satt zu bekommen!
Kölcsey Ferenc u. 16; Tel. 85/361-701; www.miwo.hu/borostyan82 ★★

Kupa Vendéglö

Wenn zur guten Küche noch eine schmelzende Zigeuner-Banda spielt, dann ist das höchster Lebensgenuss!
Vörösmarty Mihály u. 105; Tel. 85/361-617; www.restaurant.guide.hu/kupa ★★★

Service

Tourinform

P&P Tours, Balatonmáriafürdő, Ady Endre u. 58; Tel./Fax 85/376-750

Staketenzäune, Bauerngärten,

Ruhe und Besinnlichkeit zwischen behäbigen, weißen Bauernhäusern; Gänse schnattern, und hier und da wohnt vielleicht noch eine Piroschka.

Balatonmáriafürdő/ Balatonkeresztúr

■ CD 3, S. 116/117

1200 Einwohner

Manche sagen: ein monotoner Ort. Aber ist es nicht gerade der Reiz der Beschaulichkeit, mit der nun das südliche Ufer am Pannonischen Meer allmählich ausklingt?

Im Ort gibt es hübsche Bauernhäuser mit Staketenzaun und Gärten davor. Während der türkischen Besatzung wurden Städte und Dörfer so oft zerstört, dass die Einheimischen nur noch behelfsmäßige Behausungen bauten; dieser Brauch wurde dann zur Tradition. Sogar heute findet man kaum ein großes oder prunkvolles Haus auf dem Land, ausgenommen in den alten Badeorten. Die meisten der niedrigen, aus Lehmziegeln errichteten Hütten sind einfach weiß gekalkt, manche Bauern bevorzugen allerdings einen farbigen Anstrich oder leuchtend gelbe Häuser. Hier und da entdeckt man ein geschnitztes Wappen über der Tür – Hinweis auf den einstigen Wohnsitz des örtlichen Magnaten. Außerhalb der Dörfer liegt der Gemeindeteich, bevölkert von Herden schneeweißer Gänse; und das kleine Mädchen, das sie bewacht, scheint mit seinen schnatternden Schützlingen eine geheimnisvolle Verbindung zu haben.

Hotels/andere Unterkünfte

Fekete Macska MM

Das schönste Hotel am Südufer: Ein Herrenhaus der schon genannten Familie Festetics, umgeben von einem Park, wurde zu einem sehr angenehmen Aufenthalt mit wenigen Zimmern umgestaltet. Geschlossener Parkplatz, vegetarische Küche, Pool.
Ady endre u. 26; Tel. 85/376-751, Fax 360-277 ♿

Janette

Hotel mit besonderem Format: fünf Holzhütten für die, die es gern ländlich haben; Badesteg.
Balatonkeresztúr, Ady Endre u. 93; Tel. 85/376-522, Fax 376-027; www.hotels.hu/janette ★★

Spaziergang

An den Uferabschnitten, die von dichtem Schilf bestanden sind, könnte man die Idylle in Öl oder Aquarell oder Pastell festhalten – Landschaftsmaler haben das schon im 19. Jh. versucht. Von Osten her führt ein Weg parallel zum Ufer die Hullam utca und weiter die Dózsa György u. entlang bis zum Hafen, der sich tief in den Ov-Kanal hineinschiebt. Hier ist tiefer Friede, das nutzen die Ferienhäuser, teils mit eigenen Bade- und Angelstegen, weidlich aus. Ein kleines touristisches Zentrum liegt weiter östlich. Nur Balatonkeresztúr zeigt die Eigenart eines ungarischen Dorfes und bietet sogar einige Sehenswürdigkeiten.

Sehenswertes

Barockschloss Kristóf Festetics

In diesem Schloss (um 1720) wohnte 1731 der Historiker Mátyás Bél und schrieb seine Reiseerlebnisse nieder.

Am Gebäude findet sich eine Gedenktafel mit den Gesichtszügen des Gelehrten. Heute Teil eines Pensionsbetriebes.

Heiligkreuzkirche
Diese von der Familie Festetics errichtete, röm.-kath. Kirche mit kreuzförmigem Grundriss beherbergt eine geschnitzte Barock-Rokoko-Kanzel und einen wunderschönen Hauptaltar. Die Gemälde an den Seitenwänden sind von István Dorfmeister bzw. einem Schüler von Anton Maulbertsch.
Iskola u./Újélet u.

Essen und Trinken

Bagolyvár
Auf einer angenehmen Terrasse wird ungarische Kost und Wein serviert.
Balatonmáriafürdő, Ady Endre u. 19;
Tel. 85/376-837 ★★

Poldi Bácsi Vendéglöje
Gleich in Ufernähe kann man hier ordentlich speisen.
Balatonmáriafürdő, Hullam u. 100;
Tel. 85/376-720 ★★

Service

Tourinform
P&P Tours, Balatonmáriafürdő, Ady Endre u. 58; Tel./Fax 85/376-750

Medizinischer Notdienst für Touristen
Arzt in Balatonbereny, Béke u. 2;
Tel. 377-668

Taxi
Balatonkerésztúr Tel. 376-666

Im Frühjahr oder ab Ende September, wenn das pralle Leben langsam verebbt, schillert inmitten dieser abwechslungsreichen Landschaft Pannoniens der See wie ein Edelstein, und die Boote dümpeln still an den Stegen.

Ziele in der Umgebung

Balatonberény ■ C 3, S. 116

1400 Einwohner

Der letzte Ort auf der Reise im Uhrzeigersinn rund um das »Pannonische Meer« ist Balatonberény, ein familiärer und ruhiger Badeort, der dennoch mehr als 7 km Uferlänge aufweist. Das alte Dorf erstreckt sich entlang der Kossuth utca und hat sich das ursprüngliche Aussehen mit Höfen unter dicken Schilfdächern bewahrt. Die schönsten dieser urigen **Bauernhöfe** finden sich im oberen Teil der Kossuth Lajos utca (Nr. 133, 135), gegenüber der Kirche und weiter am Ortsausgang. Die **röm.-kath. Kirche** aus dem 14./15. Jh. wurde bereits im 18. Jh. im Barockstil umgebaut und kürzlich renoviert (Kossuth Lajos u. 58).

Gleich in der Nachbarschaft liegt auch der schönste Campingplatz des Südufers, am Rande eines riesigen Schilfgürtels bei Balatonbereny; dieser markiert die verlandeten Flussauen des Zala.

Hotels/andere Unterkünfte

Beach Hotel
Allein über 300 m eigenen Badestrand verfügt dieses Großhotel inmitten einer Parkanlage, dazu beherbergt es ein Restaurant, Café, Konferenzräume und ist Ausgangsort für viele Wassersportaktivitäten.
Balaton u. 2; Tel. 85/377-608, Tel./Fax 377-682; www.hotels.hu/beach-hotel;
190 Zimmer ♿ ★★

Museum

Heimatmuseum
Alte Fischerutensilien in einem von der Gemeinde restaurierten, schilfgedeckten Bauernhaus.
Kossuth Lajos u. 129; 1. Juni–6. Sep.
Di–So 10–12, 15–18 Uhr

Essen und Trinken

Kukorica Csárda
Landgasthof mit ungarischer Küche, der dazu einen herrlichen Ausblick von der Terrasse bietet.
Balaton u. 14; Tel. 30/237-9258 ★★

Strand Cukrászda
Kleines Strandbad-Café; hier werden weniger Eisbein und Kesselgulasch als vielmehr leckeres Eis und starke Cappuccini genossen.
Balaton u. 6 ★

Service

Tourinform
Siotour, Strandgebäude, Balaton u.; Tel./Fax 85/377-701

Medizinischer Notdienst für Touristen
Arzt in Balatonbereny, Béke u. 2; Tel. 377-668

Taxi
Balatonkerésztúr; Tel. 376-666

Balatonszentgyörgy

■ C 3, S. 116

Attraktion und Kuriosum zugleich ist die »Sternburg« (**Csillag-vár**) in diesem 1500 Einwohner zählenden Ort, der etwa 3 km von Balatonberény entfernt liegt. Eine sternförmige Anlage, die das einstige Burgleben veranschaulicht, und doch – eine einzige Täuschung, denn erbaut wurde die Sternburg erst Anfang des 19. Jh. nach einem italienischen Vorbild. Sie sollte Graf Festetics als romantisches Jagdschlösschen und seinem Förster als Wohnung dienen. Zur Anlage gehört die **Cemence Csárda**, ein hübsches Gasthaus. Nicht zu vergessen sei im Dorf das in einem typischen Bauernhaus eingerichtete **Heimatmuseum** (Csillagvár u. 68; Mai–Sep. tgl. 9–18 Uhr).

Zalakaros

■ B 4, S. 116

35 km südwestlich des Balaton hätte wohl so etwas wie ein ungarisches »Öl-Dallas« entstehen sollen, aber statt des vermuteten Öls, nach dem man vor 30 Jahren gesucht hat, fand man eine mineralreiche Quelle. Daraus entstand das Thermalbad **Gránit**, eine große Kur- und Wellnessanlage mit einem Erlebnisbad (Thermál u. 4; Tel. 93/340-721, Fax 340-318; tgl. 8.30–19 Uhr).

Kis-Balaton (Kleiner Plattensee)

■ B 3–4, S. 116

Im Sumpfgebiet dieses kleinen Sees an der Mündung der Zala findet sich eine sehr spezifische Flora und Fauna, nisten seltene Vögel, bevölkern Hunderte von Gänsen den schmalen Verbindungskanal. Einst selbst ein Teil des Balaton, setzte sich aber über Jahrhunderte im Überschwemmungsgebiet des Kis-Balaton der Schlamm des Flusses Zala ab.

Zwischen der Insel Diás und der Vogelwarte kann man von einem Aussichtsturm Tausende **Wasservögel** beobachten, unter ihnen sogar vom Aussterben bedrohte: Mehrere hundert Vogelarten leben hier ungestört unter naturbelassenen Verhältnissen; etwa 80 von ihnen nisten auch am Kis-Balaton. An den Ufern wachsen der Rohrkolben, die Schwertlilie, weiße Seerose, gelbe Teichrose und Froschbisse, das Riedgras.

Reiher und Schwalben bauen dort ihre Nester. Im Herbst rasten um die 50000 Wildgänse sowie Hunderte von Silberreihern und Schellenten. Hier gibt es Ungarns größte Kormorankolonie, Silber-, Seiden- und Nachtreiher, Rohrdommeln und Flussseeschwalben leben und brüten hier; ebenso Löffler und Rallenreiher, Fisch- und Purpurreiher, Haubentaucher und Blesshühner, Drosselrohrsänger und Tamariskensänger. Um sich einfacher im Moor fortzubewegen, benutzte man in vergangenen Jahrhunderten einen am Ende verzweigten, etwa 2,5 m langen Stock, den »Moorstock«, den man auch als »dritten Fuß« bezeichnete.

Damals bildete der Kis-Balaton noch eine Einheit mit dem Pannonischen Meer; infolge der Trockenlegung des Moors entlang der Ufer des Flusses Zala und dem Bau der Sió-Schleuse sank der Wasserspiegel des Sees um 3 bis 4 m. Das und die Regulierung des Flusses Zala wirkte sich nachteilig auf die Naturlandschaft aus: Das Treibgut des Flusses wie Holz, Wurzeln usw. gelangte direkt in den Balaton. Dieser Prozess dauerte bis in die 80er Jahre. Danach fing man mit der Renaturierung der Sumpfgebiete an und erreichte durch den Bau zweier Stauseen, dass das Wasser des Zala-Flusses nicht ungefiltert in den Plattensee abfloss.

Im Rahmen eines Abkommens wurde der Kis-Balaton 1979 zu einem internationalen Vogelreservat erklärt und geschützt. Seit 1997 ist er Teil des **Balaton-Oberland Nationalparks**.

Spaziergang

Im Norden des kleinen Balaton liegen einige Picknickplätze. Ein Spaziergang oder eine Wanderung sollte zur **Kányavári-Insel** führen, da es hier ein Besucherzentrum mit zwei Aussichtstürmen gibt. Eigenmächtige Wanderungen am Kis-Balaton sind untersagt, es ist ein strikt geschütztes Gebiet und darf nur in Begleitung eines Führers erkundet werden.

Sehenswertes

Büffelreservat in Kápolnapuszta
Hier wurde den ungarischen Wasserbüffeln ein Zufluchtsort gegeben, um ihr Überleben zu sichern.
Nahe Balatonmagyaród; Tel. 60/469-017

Museen

Zalaapáti
Schlösschen aus dem Jahr 1770 mit einer 4,7 ha großen Parkanlage; Hauptattraktion ist die Sammlung von 35 Kachelöfen.
Schloss Szentkirályi, Zalaapáti, Jókai u. 130; Tel./Fax 83/352-309; tgl. 14–18 Uhr

Essen und Trinken

Maximilian
Das Maximilian bietet eine echte Balatoner Fischsuppe, wie sie exzellenter nicht sein kann: Die Zutaten bilden 500 g Kleinfisch, 1,2 kg Karpfen, Zwiebeln, Paprika, Tomaten und Salz!
Balatonmagyaród; Tel. 93/386-809

Service

Informationszentrum Vönöczky Schenk Jakab
Straße 76 von Balatonszentgyörgy Richtung Sármellék; Tel. 83/315-341; Mo–Do 7.30–16, Fr. 7.30–13.30 Uhr

Fenékpuszta

■ B 2, S. 116

Sehenswert sind hier die Reste der römischen Festung **Valcum** (4. Jh.) mit Tor, dreischiffiger Basilika und Getreidespeicher. In **Sármellék**, ca. 7 km weiter westlich, ist ein Flughafen der Kategorie C entstanden, der regelmäßig Charterflüge abfertigt.

Über Fenékpuszta erreichen wir über die Hauptverkehrsstraße Nr. 71 den Ausgangspunkt der Rundreise um den Balaton oder Plattensee oder das Pannonische Meer – Keszthely.

Sind nun alle »P« hinreichend erklärt? Nein? Puskás noch nicht? Also den Ferenc Puskás kennt doch jeder, jedenfalls jeder Fußballer.

»Csókolom – Küss die Hand und – Viszontlátásra – Auf Wiedersehen!«

EXTRA: Plattensee mit Kindern

Die Magyaren haben ein Herz für ihre kleinen Gäste! Fehlende Angebote werden durch Fantasie und Einfälle wettgemacht. Kinderstühle sind in den meisten Restaurants vorhanden, in den modernisierten Strandbädern auch Wickelräume. Spielplätze finden sich in Strand- und öffentlichen Bädern, ebenso haben Restaurants und Hotels Spielecken

Der Plattensee ist nicht nur ein Badeparadies, er ist auch reich an bunten Spielplätzen und spannenden Ausflügen zu geheimnisvollen Orten!

für Kinder. Bei dem milden Klima halten sich Kinder ohnehin am flachen Sandstrand auf, der allmählich und gefahrlos in das seichte Wasser des Sees übergeht. Für die größeren Kinder bieten sich reichlich Sportmöglichkeiten, insbesondere Reitschulen – zum Teil auf Ponys – oder Museen, Streichelzoos, Ritterburgen, Höhlen und Naturparadiese an (ausführliche Broschüre: Hotline 60/550-044).

Afrikamuseum ■ C 2, S. 116

Tiere und Trophäen Afrikas hat ein Liebhaber hier gesammelt. Nicht nur das lockt, sondern auch ein Ritt zwischen den Höckern der Kamele. Auf dem 2 ha großen Gelände gibt es noch viel Exotisches zu bestaunen. Für kleine Reiter sind da noch Ponys und die Hüpfburg – toben, bis zum Umfallen!

Balatonederics, Kültelek 11 (an der Straße 71, 6 km von Balatongyörök); im Sommer tgl. 9–18 Uhr; Eintritt 1,40 €

Familienfreizeitzentrum ■ C 3, S. 116

In Keresztúr warten Pferde auf junge Reiter: Nach dem Reitunterricht geht's

mit rasantem Jagdgalopp in die Puszta. Für junge Flieger stehen Fluggeräte bereit. In der Töpferei kann man zur Kreativität finden. Rasant das Gokartfahren, Kurve auf Kurve wie beim großen Preis von Budapest, oder Bogenschießen wie damals bei Arpad, dem Freiheitskämpfer. Ganz Kleine können auf dem Spielplatz Geräte und Sandkasten entdecken.
Flugplatz Balatonkeresztúr, Str. Nr. 71 zwischen km 162 und 163; Tel. 20/96 84-774; Apr.–Sep. tgl. 8 Uhr–Sonnenuntergang

Kinderparadies ■ E 2, S. 116
Unmittelbar am Ufer des Plattensees liegt dieses Himmelreich für Kinder: ein Lager auf 1300 m Länge. Man kann wählen, ob man in einem Zelt übernachten möchte oder lieber in einem festen Holzhaus mit Zwei- bis Acht-Bett-Zimmern – das Quaken der Frösche hört man immer! Ganz behaglich wird's, wenn man sich nach dem Lagerfeuer unter eine warme Decke kuschelt – nach einem anstrengenden Reit- oder Beachvolleyball-Tag.
Fonyód, Virág u. 77; Tel./Fax 85/361-440 oder 362-253

Der Plattensee zeigt ein Herz für kleine Gäste und bietet viele abwechslungsreiche Ziele neben den Badestränden.

Reitschule ■ B 7, S. 118
Wenn auch die riesige Puszta weit im Osten liegt, so kann man in der Kocsi-Csárda des Reiterdorfes »Galopp« einführenden Reitunterricht erhalten und Touren machen. Wem das zu »schmerzhaft« ist, kann auch in der Pferdekutsche mitmachen – immer mit Picknick unter freiem Himmel.
Kocsi Csárda, Galopp Lovas Üdülőfalu, 8621 Zamárdi-felsö, Siófok út; Tel. 84/349-010; E-Mail: kocsicsarda@axelero.hu, www.kocsicsarda.hu

Ritterburg mit Turm
Ritterspiele, Turniere und ein Rittermahl in Nagyvászony oder Sümeg – einfach spannend! Im benachbarten Gut liegt der Schlosspark mit einer Reitschule für alle, die noch Ritter werden möchten. Die es nicht wollen, sausen über die Gokartanlage!
Nagyvászony, Kossuth Lajos u. 10–14 (ca. 15 km von Balatonakali bzw. über die Nationalstraße 84, ca. 20 km von Balatongyörök); Tel./Fax 88/264-109; tgl. 10–20 Uhr

Streichelzoo ■ D 2, S. 117
Da meckern und blöken die Ziegen mit ihren Zicklein, die Gänse gackern und der Hahn kräht. Irgendwo macht der Esel sein »I-aah«, und all die zahlreichen Haustiere kann man anfassen, füttern und streicheln!
Balatonakali, Mandula Csárda, Landstraße 71, Fö út; Tel. 87/444-044

Wasserskianlage ■ A 6, S. 118
In dieser Anlage am Hafen erhält der Anfänger Runde um Runde Unterricht, bis er sich standsicher auf den Brettern hält. Dieses Drahtseilviereck befindet sich in einem Trainingszentrum zum Erlernen der Sportart.
Balatonfüred, Szechenyi u. 24; Tel. 87/480-477; E-Mail: cfured@balatontourist.hu

Kulturelle und landschaftliche

Höhepunkte bietet eine Rundfahrt um das »Pannonische Meer«, nach Herend oder in die Hauptstadt nach Budapest mit Schloss Gödöllö.

Die Fischerbastei, hoch über Budapest. Einen Ausflug in die ungarische Hauptstadt sollten Sie auf jeden Fall im Programm haben (→ S. 99).

Einmal rund um den Balaton

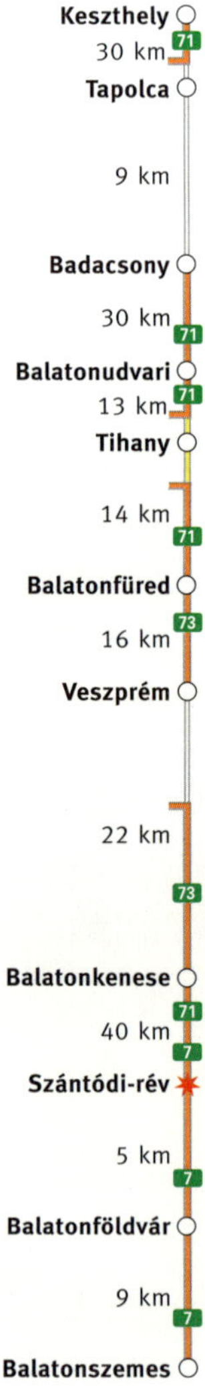

Ausgangspunkt der Reiseroute über die Straße Nr. 71 ist die »Hauptstadt des pannonischen Meeres« **Keszthely** mit dem Rathaus im Zopfstil und einer gotischen Kirche im Stadtkern. Von **Szigliget** führt ein Abstecher nach **Tapolca** im Kranz der 12 »Zeugenberge«. Auf dem Weg zurück zum Plattensee liegt das Káler Becken mit dem 12 Kilometer langen Steinmeer, mächtigen Basaltsäulen und dem Badacsonyhegy (497 Meter).

Am **Badacsony** findet man Weinbau, Weinkellereien, ein Atelier und Museen. Ab hier beginnt die Balatoner Riviera von 40 Kilometern Länge. Der »Herzfriedhof« ist in **Balatonudvari** zu finden, außerdem eine Wassermühle und eine Kirchenruine. Dann führt die Fahrt auf die Halbinsel **Tihany,** die außer der Abteikirche das goldene Haus, eine Burg aus der Eisenzeit, ein Bauernhaus- und ein Puppenmuseum zu bieten hat. Kurz danach erreicht man den ältesten Badeort am See – **Balatonfüred,** wo man endlich die Kuchenschlacht schlagen kann. Über den Weinort Csopak führt ein Abstecher nach **Veszprém,** der tausendjährigen Stadt mit Bischofspalast und Bakony-Museum.

Wieder zurück zum Plattensee geht die Straße durch Felsőörs mit einer bemerkenswerten romanischen roten Sandsteinkirche. Ähnliche Bauwerke liegen in der Umgebung. Mit der Straße 71 erreicht man das Ostufer und erlebt eine landestypische Architektur in **Balatonkenese.** Über die Autobahn M 7 wird **Siófok** angesteuert mit seinem Museum zur Plattensee-Schifffahrt. Die Csárda an der Anlegestelle **Szántódi-rév** zum Besuch einer Bauernhochzeit liegt gegenüber von Tihany.

Auf der weiteren Fahrt (jetzt Straße Nr. 7) bereichern kleine Dörfer und hübsche Bauernhäuser die Strecke, in **Balatonföldvár** macht eine Wolfssage von sich reden, und ein Gedenkmuseum erinnert an den Dichter Attila. Und in **Balatonszemes** gibt's eine prächtige Renaissancekirche, die Burg Bagolyvár und im Postmuseum einen Sonderstempel.

Hier wäre endlich Zeit für eine ausgedehnte Mahlzeit in einem wunderbaren Weingut und bei heißem Sommerwetter im kühlen Weinkeller: Wein und Essen sind vom Allerfeinsten bei Familie Bujdosó und dem freundlichen, jungen Winzermeister (Balatonszemes, Gárdonyi Géza u. 2; Tel. 84/361-188; → MERIAN-Tipp, S. 80). Über Balatonlelle erreicht man das ehemalige Staatsweingut, jetzt Weingut BB-AG in **Balatonboglár**. Auch hier bietet sich ein Besuch mit Weinverkostung an! Von Fonyód hat man eine tolle Aussicht auf das Nordufer, in Balatonfenyves ist der Einstieg in die Schmalspurbahn nach **Csisztapuszta** (Thermalbad) möglich. Bald darauf erreicht man das schönste Hotel am Südufer: ein Herrenhaus, das von einem Park umgeben ist. Ein Abstecher nach **Kis-Balaton** vermittelt ein grandioses Naturerlebnis, vielleicht sogar gepaart mit einem einzigartigen Sonnenuntergang über dem Naturreservat. Über die Hauptverkehrsstraße 71 folgt der Anschluss an den Ausgangspunkt Keszthely.

Und nicht vergessen: 1. PKW-Licht auf der Landstraße einschalten! 2. Geschwindigkeitsregeln unbedingt beachten!

Dauer: Tagestour; **Karte:** → S. 116–119; Broschüre *Karte BALATON, Plattensee* 1:80 000 (Paulus) zu bekommen in allen Tourinform-Büros; Rückseite mit weiteren Infos.

Stimmung am Balaton – See, Strände, Strandbäder und ein angenehmes Wasser.

Über das Hochland nach Herend

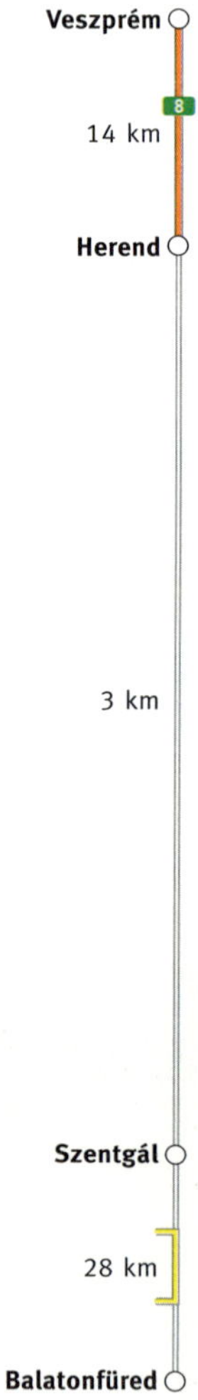

Eine Autotour kann auch mit einem Ausflug ins Landesinnere über **Veszprém**, die »Königin der Städte«, verbunden werden: Anfahrt vom Nordufer über die Nationalstraße 73; hinter Veszprém weiter über die Straße 8 (die auch in einer großen Umgehung an Veszprém vorbeiführt).

Herend war seit dem Altertum bewohnt, aber bei den türkischen Eroberungen wurde das Dorf entvölkert. 1723 kamen Siedler aus Deutschland, katholische Ackerbauern, die Leben und Traditionen des Dorfes verändert haben. Heute ist Herend eine Kleinstadt – bekannt durch die Meisterwerke der Porzellanmanufaktur. Ein gewisser Vince Stingl hat 1826 die Herender Porzellanmanufaktur gegründet, im Jahr 1839 wurde die Produktion unter Leitung von Mór Fischer aufgenommen.

Die Glanzstücke von 175 Jahren sind heute im **Porzellanmuseum** zu bewundern, 1999 wurde das »Porzellanium« gebaut, eingeschlossen darin die Minimanufaktur für die Besucher. Hier kann man erleben, wie das Herender Porzellan gefertigt wird. Im Restaurant **Apicius** für die Museumsgäste erhält man die Spezialitäten natürlich auf edlem Herender Porzellan serviert (Kossuth Lajos u. 137; Tel. 88/523-234, Fax 260-566; www.porcelanium.com; April–Okt. tgl. 9–17.30, Nov.–März Di–So 9–16.30 Uhr, Kassenschluss 1 Std. früher).

Für die Rückfahrt nach Süden bietet sich als Alternative die landschaftlich reizvolle Strecke über den Ort **Szentgál** an. Wenn diese Straße nach etwa acht Kilometern bei Zófiapuszta auf eine weitere Landstraße stößt, biegt man dort nach links ab. Die weitere Strecke führt ziemlich geradlinig durch dünn besiedeltes Gebiet nach Süden, bis man auf die Ausschilderung nach Balatonfüred oder andere Orte am Nordufer stößt.

Dauer: Tagestour (mit Besichtigung Herend);
Karte: → S. 118

In die Hauptstadt Budapest

Von allen großen Orten am Nord- und Südufer fahren Bahn oder Bus in die Landeshauptstadt. Mit dem PKW nimmt man die (gebührenfreie) Autobahn M 7 (E 71). Nach etwa einstündiger Autofahrt zieht die »Königin der Donau« jeden Besucher sogleich in ihren Bann. Von der Flussseite her zeigt die Stadt ihr schönstes Gesicht, die Fahrt mit einem der vielen Flussschiffe wird zu einem unvergesslichen Genuss! Die wechselhafte Geschichte der Donaumetropole aber lässt man sich am besten bei einer Stadtrundfahrt (bei schönem Wetter in einem der neuen, offenen »gelben Busse«, Abfahrt Beszállóhely, Andrássy ú 3; Tel. 1/374-70 70; E-Mail: btours@budatours.hu, www.budatours.hu) von einem Stadtführer erzählen.

Fast jeder fünfte Ungar lebt in der Hauptstadt. Mit seinen knapp zwei Millionen Einwohnern ist Budapest größer als Wien, Prag oder Warschau.

Dann der individuelle Bummel über die lange Váci utca, wo sich eine Boutique an die andere reiht – dazwischen Antiquitätenläden und viele, viele Cafés (das berühmteste ist das **Café Gerbeaud** am Vörösmarty tér 7 → Klappe hinten ■ c 4). Restaurants oder Weinläden laden alle zur Einkehr ein, um einige köstliche Palatschinken oder eine kräftige Ziegenhartwurst mit gewürztem Schafsquark, Gemüsepaprika und Zwiebeln zu kosten. Nicht vergessen – dazu einen kühlen »Veltliner«!

Spätestens, wenn man diese lange Promenade bis zu ihrem Ende »geschafft« hat, steht man vor der Markthalle am Fövam tér. Hier kann man die Schlemmerei (auch den oberen Bereich nicht vergessen!) fortsetzen. Sozusagen gleich nebenan liegt die Elisabeth-Brücke (Erzsébet híd) und führt über die Donau in den Ortsteil Buda. Von hier aus kann man auf eigene Faust nach rechts zur Fischerbastei losziehen oder genau in die Gegenrichtung in das Studentenviertel.

Der Burgberg ist die Keimzelle des mittelalterlichen Buda; dort befinden sich auch die meisten Sehenswürdigkeiten.

Die zehn Höhepunkte und das unbedingte touristische »Muss« in der Metropole sind: der **Gellertberg** (Gellért-hegy, Klappe hinten ■ bc 5) – die **Fischerbastei** (■ b 3)– die **Matthiaskirche** (gleich hinter der Fischerbastei ■ b 3) – die Gassen vom **Várhegy** (■ ab 3) – der **Burgpalast** mit Museen (■ b 4) – die **Andrássy út** (Promeniermeile ■ c 3–e 1) – zur Abkühlung und Entspannung das berühmte **Gellertbad** – der **Vörösmarty tér** (■ c 4), ein öffentlicher Platz zum Ausspannen in einem Café und »Schauen« – das **Parlament** (very »british« ■ b c 2) – die **Margareteninsel** (■ b 1).

Das 1885–1902 errichtete ungarische Parlament verfügt über 691 Räume. Es ist damit das größte Parlamentsgebäude der Welt.

Mit der hereinbrechenden Dunkelheit leuchtet plötzlich die ganze Stadt, vom Parlament bis zur Kettenbrücke, von den Uferpromenade bis zur Burg auf dem Gellért-Hügel (Gellérthegy).

Spätestens jetzt wird es Zeit für einen guten Wein und für einen der vielen »weltbesten« Zigeunerprimas', der mit exaltiertem Mienenspiel fröhliche wie melancholische Weisen aus seiner dunkelbraunen Geige hervorzaubert.

Oder gleich mit dem »Operetten-Schiff« über die nächtliche, bunt illuminierte Donau! Mit an Bord die unvergänglichen Melodien von Strauss, Lehár, Kálmán, Leoncavallo und anderen, dazu ein erlesenes Menü (Infos bei Tourinform, Vigadó u. 6; Tel. 1/235-44 80 und Sütö u. 2; Tel. 1/318-87 18).

Budapest entstand 1872 durch den Zusammenschluss der beiden vormals unabhängigen Städte Buda und Pest.

Für den Fall einer oder mehrerer Übernachtungen sei ein kleines, sehr privat geführtes Hotel empfohlen, das gleich auf der Seite »Pest«, nahe der Petöfi hid (-Brücke), liegt: **Hotel Sissi** (■ d 6).

Das Hotel **Garni** ist völlig neu und befindet sich in einem sehr ruhigen Viertel und zugleich an der Hauptstraße »Ferenc körút«, die zum Flugplatz bzw. nach Gödöllö führt. Den Gast erwarten moderne Bäder, eine Tiefgarage, ein sehr heller Frühstücksraum oder Terrasse. Das Frühstücksbüfett ist opulent, und der Erste-Klasse-Service kommt gratis hinzu! Für Hochzeitspaare wird das romantische »Sisi-Zimmer« bereitgehalten (Angyal u. 33 ; Tel. 1/215-00 82, Fax 216-60 63; E-Mail: Hsissi@matavnet.hu, www.hotelsissi.hu; 44 Zimmer ★★★).

Dauer: Anfahrt ca. 1 Stunde; **Karte:** → S. 120/121 und Klappe hinten

Auf den Spuren Sisis (Gödöllö)

10

Zu den Sehenswürdigkeiten im Umland von Budapest gehören das Donauknie mit dem Barockstädtchen Szentendre (ca. 1.40 Std.), die Kathedrale in Esztergom (ca. 5 Std.), vor allem aber das Lieblingsschloss der Kaiserin Elisabeth in Gödöllö, der Abschluss der neuen Ferienroute »Sisi-Straße, Lebenswege der Kaiserin und Königin Elisabeth«.

Die 1837 in München geborenen Sisi war 16-jährig aus politischen Gründen mit Kaiser Franz Joseph I. verheiratet worden, blieb jedoch eine Außenseiterin am Wiener Hof. Eine spezielle Liebe entwickelte sie allerdings für die ungarische Reichshälfte.

Nur 28 Kilometer nordöstlich von Budapest liegt das »ungarische Versailles« – Schloss Gödöllö. Das schönste Barockbauwerk Ungarns wurde 1735 bis 1749 von Antal Grassalkovich I., einem mächtigen ungarischen Magnaten und Vertrauten Maria Theresias von Österreich, errichtet. 1867 war es das Krönungsgeschenk der Ungarn an ihre Königin, die »ihre« Sisi sehr ins Herz geschlossen hatten. Sie war oft in Gödöllö und ließ das Schloss mehrfach umbauen. Nun setzte eine zweite Glanzzeit für das Haus ein, es diente in der Folge als Lustschloss, in dem sich die königliche Familie vor allem im Frühjahr und im Herbst aufhielt.

Mit der Restauration nach Schäden durch Krieg und Besatzung ist inzwischen ein Teil des Schlosses in altem Glanz saniert worden: der Mittelflügel mit Prunksaal und den königlichen Appartements, in dem mit zeitgenössischem Interieur ein Eindruck der Doppelmonarchie und von König Franz-Joseph bzw. Königin Elisabeth vermittelt werden soll. Das Schlossmuseum zeigt somit wieder die Pracht vergangener Tage, und im Prunkhof finden Konzerte und Musikfestivals statt. Ein Großteil der Schlossanlage wird einer kontinuierlichen Rekonstruktion und Renovierung unterzogen, auch die Stallungen und der Park sind darin einbezogen.

Nach dem Zusammenbruch der Habsburger Doppelmonarchie verfiel das Schloss. Es diente erst als Militärdepot, dann als Heim für mittellose Senioren und wurde schließlich geplündert.

Dauer: Tagestour; **Adresse:** Königliches Schloss Gödöllö; H-2100 Gödöllö, Postfach 406; Tel. 28/420-588, Fax 28/422-077; E-Mail: kastely@mail.digitel2002.hu, www.digitel2002.hu/kastely; **Auskunft in Deutschland**: Regio Augsburg Tourismus GmbH; Bahnhofstr. 7, 86150 Augsburg; Tel. 08 21/5 02 07-0, Fax 5 02 07-46; **Karte:** → ■ F9, S. 121

Von A(nreise) bis Z(oll).

Der Plattensee mit Klima- und Entfernungstabelle, Geschichte auf einen Blick, Register und vielen anderen nützlichen Infos.

In Ungarn zwar noch wenig verbreitet, aber deutlich auf dem Vormarsch: Fahrradverleih in Veszprém.

Plattensee von A–Z

Anreise

Mit dem Auto

Mit dem eigenen Wagen ist die Anreise über Wien zum Grenzübergang Nickelsdorf der geeignete Weg; von hier aus über die Autobahn M 1 Richtung Győr, Abfahrt Balaton. Alternativ: Vor Wien in Richtung Graz (A 2) über Eisenstadt (A 3) zum Grenzübergang Mattersburg bei Sopron. Entfernung Frankfurt–Balaton ca. 1200 km. Die grüne Versicherungskarte ist nicht zwingend vorgeschrieben, hilft aber im Fall eines Unfalls.

Mit dem Bus/Zug

Relativ unbekannt ist, dass von zahlreichen deutschen Großstädten aus die **Deutsche Touring** im Sommer Siófok ansteuert (Tel. 0 69/79 03 55; www.deutschetouring.com). Ganzjährig fährt **Panon Volán** von Frankfurt nach Hévíz. Kosten: ca. 80–100 € hin und zurück; Tel. 0 61 22/9 12 40; www.sippel.travel.de.

Etwas umständlich ist die Anfahrt per Zug, da man über Budapest reist. Endstation ist der Ostbahnhof **Keleti pu (Keleti pályaudvar)**. In der Regel muss man dann zum Südbahnhof **Déli pályaudvar**, von dem die meisten Züge zum Balaton abfahren.

Auskunft zu internationalen Zügen: Tel. 1/461-5500, zu Inlandszügen: Tel. 1/461-5400. Achtung: Nach langer Ansage in ungarischer Sprache wird man auch mit Deutsch sprechenden Mitarbeitern verbunden!

Mit dem Flugzeug

Linienmaschinen fliegen nur den Budapester Flughafen **Ferihegy** an. Flugauskunft in Budapest: Tel. 1/296-71 55. Charterflug-Auskunft: www.balatonairport.de.

Mit der Lufthansa CityLine kann man bis an den Plattensee fliegen, und zwar bis **Balaton-West-Airport Sármellék.** Die Verbindung wird regelmäßig von Crossair, Eurowings, Augsburg Airlines und eben von der Lufthansa CityLine angeflogen. Seit dem 1. Januar 2002 ist Sármellék zum internationalen Passagierflughafen erklärt worden und kann von Deutschland aus von den Flughäfen Berlin, Hamburg, Dortmund, Frankfurt und Stuttgart erreicht werden.

Mutsch Ungarn Reisen Kft, Stadtbüro Hévíz ■ B 2, S. 116
Széchenyi u. 23; Tel. 83/34 04 81;
E-Mail: mutsch35@matavnet.hu

Mutsch Ungarn Reisen GbR
Zentralbuchungsbüro in Deutschland.
Bahnhofsallee 3, 68642 Bürstadt;
Tel. 0 62 06/71 07 33; E-Mail: info@mutsch-reisen.de; www.mutsch-reisen.de

Auskunft

In Deutschland

Ungarisches Tourismusamt
- 10178 Berlin, Karl-Liebknecht-Str. 34; Tel. 0 30/2 43 14 60; Fax 24 31 46 13; E-Mail: htberlin@hungarytourism.hu
- 80637 München, Dom-Pedro-Str. 17; Tel. 0 89/12 11 52 30, Fax 12 11 52 51; E-Mail: htmunick@hungarytourism.hu

In Österreich

Ungarisches Tourismusamt
A-1010 Wien, Opernring 4–5;
Tel. 01/5 85 20 12 13, Fax 5 85 20 12 15;
E-Mail: ungarn@ungarn-tourismus.at

In der Schweiz

Ungarisches Verkehrsbüro
CH-8035 Zürich, Stampfenbachstr. 78;
Tel. 01/3 61 14 14, Fax 3 61 39 39;
E-Mail: htzurich@hungarytourism.hu

In Ungarn

Magyar Turismus Rt., Balatoni Regionális Turisztikai Projekt Iroda ■ A 6, S. 118
Regionale Auskunft zum Balaton.
H-8230 Balatonfüred, Blaha Lujza u. 2;
Tel. 00 36/87/342-801; Fax 342-871;
E-Mail: rmibalaton@hungarytourism.hu

Banken

Öffnungszeiten sind in der Regel: Mo–Do 8–17, Fr 8–13 Uhr.

Camping

Die Plätze haben unterschiedliche Besitzer und sind in drei mit Sternen bewertete Kategorien eingeteilt. Eine Broschüre der Anbieter gibt es bei den Ungarischen Tourismusämtern. Preise: Pro Tag und Person in der Hauptsaison etwa 5 €, 12 bis 15 € für eine größere Parzelle (ca. 100 qm). Mitglieder des Intern. Camping und Caravaning Club (FICC) erhalten auf einigen Plätzen 10 bis 30 % Rabatt.

Magyar Camping és Caravaning Club
Budapest, Mária u. 34, Tel. 1/267-5255 (deutsch!).

Datum

Auf Tickets, Fahrscheinen, Fahrplänen, Faltblättern ist die ungarische Schreibweise des Datums üblich: Jahr/Monat/Tag (03. 01 = 1. März).

Diplomatische Vertretungen

Botschaft der Bundesrepublik Deutschland
Budapest, Stefánia út 101–103; Tel. 1/467-3500, Fax 467-3505; tgl. 8–16.30 Uhr

Österreichische Botschaft
Budapest, Benczúr u. 16; Tel. 1/351-6700, Fax 352-8795; Mo–Fr 9–12 Uhr

Schweizer Botschaft
Budapest, Stefánia út 107; Tel. 1/343-9491, Fax 343-9492; Mo–Fr 10–12 Uhr

Einkaufen

Jeder Gast in Ungarn findet sein passendes Souvenir! Bei vielen Ortsbeschreibungen sind einige besonders interessante Einkaufstipps vermerkt. Allgemein sei gesagt, dass man beispielsweise in Volkskunstgeschäften, in einigen Museen (Replikate von Kunstwerken), bei Kunsthandwerkern und im Fachhandel für Delikatessen, Wein, aber auch für Antiquitäten und Schmuck passende Mitbringsel findet. Wer es mag – die Stickereien sind

Entfernungen (in km) zwischen wichtigen Orten am Plattensee

	Budapest	Badacsony	Balatonalmádi	Balatonföldvár	Balatonfüred	Balatonlelle	Fonyód	Keszthely	Siófok	Tihany	Veszprém
Budapest	–	169	121	128	137	145	156	215	106	137	110
Badacsony	169	–	49	45	38	62	55	31	57	33	61
Balatonalmádi	121	49	–	27	12	44	55	80	39	16	27
Balatonföldvár	128	45	27	–	16	16	28	60	16	12	39
Balatonfüred	137	38	12	16	–	33	44	70	28	6	22
Balatonlelle	145	62	44	16	33	–	12	44	33	29	55
Fonyód	156	55	55	28	44	12	–	31	44	41	67
Keszthely	215	31	80	60	70	44	31	–	76	65	92
Siófok	106	57	39	16	28	33	44	76	–	25	46
Tihany	137	33	16	12	6	29	41	65	25	–	28
Veszprém	110	61	27	39	22	55	67	92	46	28	–

bunt und werden als Auflegestickereien auf weißen Blusen, Hemden oder schwarzen Westen angeboten (Matyó-Stickerei). Vorsicht bei den »Märkten«, die während der gesamten Saison an den Badestränden geöffnet sind: Schöne Souvenirs sind da eher selten; bei genauerem Hinsehen entdeckt man oft Billigimporte und Markenpiraterie!

Kulinarische Köstlichkeiten
Natürlich muss man eine original ungarische Salami mitnehmen, die ihren Geschmack dem Wollschwein (Mangalitza) verdankt. Zu empfehlen sind noch die Plattensee-Weine, besonders jene aus der Region Csopak, aus dem Balatonhochland und aus der absoluten Weingegend von Badascony (→ Weine, S. 18). Und bitte: nicht in Plastikbehältern mitnehmen. Da diese häufig schwach oder gar nicht geschwefelt sind, hält sich der Wein nicht lange! Aber auch die »hochprozentigen« Flüssigkeiten seien ans Herz gelegt, vor allem der Marillenschnaps **Barackpálinka**; ein Magenbitter ist der Zwack Unicum.

Einkaufsstadt
Für Einkäufe kann man eigentlich nur Hévíz, Keszthely, Balatonfüred und Siófok empfehlen.

Die Fußgängerzone und Markthalle der Hauptstadt Budapest bieten dagegen eine reiche Auswahl: Carvi Modehaus, Kossuth Lajos u. 17; Donna Karan mit Topkollektion und Versace, Universum Centrum 1. Stock, Váci u. 31; Gafarino (für Männer), Bajcsy-Zsillinskzky u. 45; Herendi Porzellan, József Nádor tér 11, Kigyó u. 3 sowie Herendi Majolika, Váci u. 23.

In Budapest lohnt sich auch ein Abstecher auf einen der Märkte; hier macht man oft einzigartige Funde: Antik Bazar, Váci u. 67; Antik Diszkont, Falk Miksa u. 22; BÁV (Kette Bizomány Árúhaz Vállatat), Bésci u. 1–3, »Schnäppchen« möglich.

Feiertage

1.Januar	Neujahrstag
15. März	Nationalfeiertag (Revolution von 1848/49)
1. Mai	Tag der Arbeit
Ostermontag/ Pfingstmontag	
20. August	Stephanstag
23. Oktober	Nationalfeiertag (Aufstand 1956)
1. November	Allerheiligen
25./26. Dezember	Weihnachten

Feste und Festspiele

März
Wind des Balaton
Frühlingsfestival.

März/April
Ostern
Eierbemalen und »Begießen« der Mädchen.

April
Fest des Szt.-György-Berges
In Weinkellern, Umzügen, Messen.

Mai
Saisoneröffnung am Balaton
Aufstellen des Maibaums; Balaton-Festival mit Konzerten und Kunstausstellungen; Pferdeschauen in Keszthely; Folklorefestival in Siófok und Wahl der »Balaton-Tochter«; Ansegeln in Balatonfüred.

Juni
Springturnier in Zalakaros; Harley-Davidson-Rallye für Osteuropa in Alsóörs.

Juli
Das Ereignis am Balaton: Annenball in Balatonfüred; Reiterspiele in Nagyvázony; Jakobstag mit Markt in Szántódpuszta; Stadtfest in Almádi; Balatonüberquerung sowie Jazz- und Weinfestival in Balatonboglár; Folk-

Oben: Bunte Puppen in Originalkostümen – eine der zahlreichen Möglichkeiten, die Erinnerung an Ungarn mit nach Hause zu nehmen.

Mitte: Festivals wie hier, direkt am See in Balatonfüred, finden das ganze Jahr hindurch statt, und die Folkloretradition wird auch bei Jugendlichen immer noch hochgehalten.

Unten: Souvenirs am Straßenrand – geschnitzt oder gestickt, als Schachspiel oder kostbare Decken.

lorefestival in Balatonföldvár; Festspiele in Tihany (bis August); Operettenaufführung und Orgelkonzerte in Siófok, Tihany, Zalakaros; Weinwoche in Badacsony und Balatonlelle.

August
Kunstsommer in Tapolca; Künstlerfestival am Balaton in Balatonföldvár; Töpfermarkt in Veszprém; Ungarische Reitertage in Nagyvázsony; Bauernmarkt in Fonyód; Volksfesttage in Balatonboglár; Folkloreveranstaltungen in Siófok; Sommerspiele in Keszthely; Balatonüberquerung in Tihany; Weinfeste in Karos, Balatonfüred, Balatonboglár, Balatonlelle.

September
Weinlese und Weinfeste
Mit Umzug in Badacsony, Balatonboglár und Balatonkenese; Tihanyer Weinlese.

Balaton-Herbst
Erntedank- und Hirtenfest mit Korb- und Erntekranzflechten, Backen, Buttern.

Geld

Offizielle ungarische Währung ist der Forint (HUF), bei Redaktionsschluss war 1 € = 241,73 Ft wert; 1000 Ft entsprechen somit gut 4 €.

Grenzübergänge

Von Nordwesten aus Richtung Wien: Übergang Nickelsdorf-Hegyeshalom; aus Richtung Eisenstadt: Kingenbach-Sopron oder etwas südlicher Deutschkreuz-Kophaza; Rattersdorf-Kőszeg; von Westen: Schachendorf-Szombathely oder aus Südwesten: Heiligenkreuz-Rábafüzes.

Internet

Achtung! Die Adressen ändern sich oft.
Allgemeine Ungarn-Infos:
www.hungarytourism.hu
Rund um den Balaton:
www.balaton.hu
Das Ungarische Tourismusamt in Deutschland:
www.ungarn-tourismus.de

Wechselkurs

H Forint	EU Euro	CH Franken
50	0,21	0,30
100	0,41	0,60
200	0,82	1,21
500	2,06	3,02
1000	4,11	6,03
2000	8,22	12,07
3000	12,33	18,10
5000	20,55	30,17
10 000	41,10	60,35
25 000	102,75	150,85
50 000	205,50	301,70
75 000	308,25	452,50
100 000	411,00	603,40

Stand: September 2002

Nebenkosten
(in Euro)

1 Tasse Kaffe	0,60
1 Bier	0,80–2,20
1 Cola	0,80–1,00
1 Brot (ca. 500g)	0,50
1 Schachtel Zigaretten	ca. 1,30
1 Liter Normal-Benzin	0,95
Öffentl. Verkehrsmittel (Einzelfahrt ca. 30 km)	1,00
Mietwagen/Tag	ab 65,00

Hotelführer:
www.hotels.hu
Restaurantführer:
www.restaurantguide.hu.

Namen

Ähnlich wie beim Datum wird in Ungarn der Vorname nachgestellt: Kálmán Imre = Emmerich Kálmán

Naturschutzgebiete

Der Balaton selbst ist ein einziges Naturwunder und der meiststudierte See der Welt. Besonders aber die Verwaltung des 1997 gegründeten **Nationalparks Balaton-Oberland** kümmert sich um die geschützte Naturlandschaft des Nord- und Ostufers; der Park umfasst 57 000 ha Fläche.

Direktion Veszprém ■ AB 5, S. 118
Vár út 31; Tel. 88/577-730, Fax 577-731;
E-Mail: bfnpi@elender.hu; www.bfnpi.hu,
www.balaton.hu/balatonfelvideki.np

Notruf

Rettung: Tel. 104
Feuerwehr: Tel. 105
Polizei: Tel. 107
Notrufzentrale (auch Handy):
Tel. 112
Autopanne (Ung. Autoclub):
Tel. 188

Öffnungszeiten

Die Zeiten der Geschäfte und Restaurants, vor allem in der Hauptsaison, sind sehr unterschiedlich, wechseln auch oft. Zum einen haben viele Läden durchgehend bis in den Abend hinein geöffnet; die Büros aber halten sich an Mittagspause und Dienstschluss gegen Spätnachmittag. Speisen kann man tagsüber in der Regel durchgehend, abends etwa zwischen 19 und 21 Uhr; Restaurants schließen gegen 22 oder 23 Uhr.

Post

Die Postschalter sind Mo bis Fr von 8 bis 18 Uhr durchgehend geöffnet, Sa von 8 bis 13 Uhr.

Reisedokumente

Deutsche Staatsbürger können bei einem Aufenthalt bis zu drei Monaten mit einem gültigen Personalausweis einreisen; für einen Arbeits- oder Studienaufenthalt ist ein Reisepass erforderlich.

Reisezeiten

Vom Klima her ist die beste Reisezeit im Mai/Juni und im September. In dieser Zeit sind die Orte zudem nicht so stark überlaufen.

Reisewetter

Mit seinen 2000 Sonnenstunden im Jahr liegt der Balaton an der Spitze in Europa. Dazu weht höchstens eine leichte Brise, bei einem Gewitter zieht auch schon mal ein Sturm auf. Der Niederschlag ist im Sommer gering, aber die Sommermonate sind heiß; in den Städten gibt es dann auch in der Nacht kaum Abkühlung.

Schifffahrt

Fast alle Badeorte am Plattensee verfügen über Häfen der Balaton-Schifffahrt. Eine Fähre verbindet nur die Orte Szántódi-rév (zwischen Siófok und Balatonföldvár) und Tihany. Zentralinformation bei:

Balatoni Hajózási Rt.
Siófok, Krúdy sétány 2.;
Tel./Fax 84/310-050 oder 312-907.

Stromspannung

Die Netzspannung beträgt auch in Ungarn 220 Volt Wechselstrom.

Telefon

Telefonkarten sind in Postämtern, Zeitungskiosken, Tabakläden und bei der Tourinform erhältlich. Vom Ausland aus wählt man 00 36, dann die Ortskennzahl und den Anschluss. Innerhalb Ungarns wählt man die 06 vor der Ortskennzahl, bei Ortsgesprächen entfällt diese Kennzahl.

Vorwahlen
D, A, CH → Ungarn 00 36
Ungarn → D 00 49
Ungarn → A 00 43
Ungarn → CH 00 41

Verkehrsverbindungen

Autofahren in Ungarn
Von den Grenzübergängen (→ S. 108) führen folgende Straßen zum Plattensee: von Wien die Autobahn A4 (E 60), ab der Grenze die M1 bis Győr, dann weiter über die Straßen 83 oder 82 Richtung Veszprém. Von Wien über die A3 Richtung Sopron, nach der Grenze über die 85, ab Nagycenk 84 Richtung Sárvár, Sümeg, Szigliget (nahe Keszthely). Um den Balaton herum führt nördlich die Straße 71, östlich ebenfalls die 71, südlich zunächst die Autobahn M 7, die nach Siófok in die Straße 7 übergeht.

Es ist absolute Pflicht für den PKW-Fahrer auf drei Dinge zu achten:
1. Sich unbedingt anzuschnallen
2. Außerhalb von Ortschaften das Licht auch bei Tag einzuschalten
3. Die Tempovorschriften einzuhalten.
Alle Zuwiderhandlungen werden von der Polizei mit hohen Geldstrafen oder Führerscheinentzug geahndet!

MERIAN-Tipp

Die Hungary-Card Dieses Kombiticket erbringt Ermäßigungen von 5 bis 100 Prozent und hilft nicht nur, Geld zu sparen, sondern verschafft durch das Begleitmaterial einen Überblick über das Angebot und unterstützt somit die Planung des Reisebudgets. Es erschließt ein Netz an ermäßigten Dienstleistungen: Unterkünfte, Restaurants, Museen, Veranstaltungen, öffentlicher Verkehr; z. B. 50 Prozent bei Eisenbahn- und Busfahrten, PKW-Miete sowie Mautgebühren der Autobahn. Erhältlich bei allen Tourinform-Büros. Weitere Auskünfte: Tel./Fax 1/266-3741, 267-0896; www.hungarycard.hu.

Leihwagen
Am Budapester Flughafen Ferihegy stehen mehrere Firmen bereit, Leihwagen zu vermieten. Besonders günstig und empfehlenswert ist:

Sixt-Rent a car
- Budapest, Airport Ferihegy; Tel. 1/296-0158 oder -5481; tgl. 8–22 Uhr
- Budapest, Vaci út 45/b; Tel. 1/451-4220 oder -4221; Mo–Fr 7–19, Sa, So 8–18 Uhr
- Budapest, Kempinski Hotel, Erzsebet tér 7–8; Tel. 1/429-4384 oder-4777; Mo–Fr 8–17 Uhr

Fahrräder
Noch gibt es nur wenige Radwege, und Radfahren in Ungarn erfordert große Aufmerksamkeit! In den meisten Zügen der Ungar. Eisenbahn (MÁV) kann man Fahrräder mitnehmen, ebenso in den Vorortbahnen (HÉV). In den Wäldern darf nur auf markierten Forststraßen oder Pfaden geradelt werden! Fahrradverleih ist in Ungarn noch eher selten und nur in wenigen Orten oder Hotels möglich.

Ungarischer Radfahrer Verband (MKSZ)
Budapest, Szybó J. u. 3, Tel./Fax 1/252-0879; E-Mail: hunbike@acenet.hu

Bus/Bahn
Aus ganz Ungarn erreicht man den See mit Bus oder Bahn in wenigen Stunden. Fahrkarten beim Busfahrer. Aus ca. zehn Richtungen führen Bahnlinien zum Balaton, die sich dann mit den zwei Linien vereinigen, die den See umrunden (Infos: www.elvira.hu).

Schiffsverbindungen
Die **BALATONI Hajjózási RT** veranstaltet diverse Schiffsfahrten, v. a. von Balatonfüred und Siófok aus: Wein-Tour, Fahrten in den Sonnenuntergang, Promenaden-, Musik- und Diskofahrten (→ MERIAN-Tipp, S. 70). Eine Gesamtrundfahrt um den See ist nicht möglich – nur Teilstrecken, etwa von Füred nach Tihany; Promenadenfahrt 60 Min. am Ufer entlang (2 €; nur Mi, Fr, So). Infos: Schiffsstation, H-8600 Siófok, Krúdy st. 2; Tel./Fax 84/310-050; E-Mail: mahart@mail.matav-hu; www.balaton.hu/mahart.

Zeit

Mitteleuropäische Zeit, einschließlich der Sommerzeit.

Zoll

Personen über 16 Jahren ist die Ein- und Ausfuhr von 200 Zigaretten oder 50 Zigarren bzw. 250 g Tabak, 2 l Wein und 1 l Spirituosen gestattet; ausländische Valuten in unbegrenzter Menge und ohne Genehmigung. Bargeld im Wert von über 1 Million HUF (Ung. Forint, derzeit ca. 4000 €) müssen an der Grenze angemeldet werden. Gekaufte oder geschenkte Waren können ohne Begrenzung ausgeführt werden. Mehrwertsteuer (ÁFA in Ungarisch) wird erstattet (bei einem Mindestwert von HUF 50 000), wenn die Ware innerhalb von 90 Tagen ab Kaufdatum im unbenutzten Zustand ausgeführt wird.

Die Klimadaten von Siófok

	Januar	Februar	März	April	Mai	Juni	Juli	August	September	Oktober	November	Dezember
Durchschnittl. Temp. in °C – Tag	2	4	10	16	21	24	26	26	22	16	8	4
Durchschnittl. Temp. in °C – Nacht	-4	-3	1	6	11	14	16	15	11	7	2	-2
Sonnenstunden pro Tag	2	3	5	7	8	9	10	9	7	6	2	2
Regentage	7	7	7	8	9	8	7	7	7	8	8	8
Wassertemp. in °C	1	1	4	13	19	22	24	23	20	13	7	2

20000 v. Chr.
Der Plattensee entsteht durch Verschiebungen der Erdkruste, Erosion und Zufluss von Wasser; Urzeitmenschen leben in den Kalksteinhöhlen des heutigen Budaer Burgbergs.

6. Jh. v. Chr.
Kelten besiedeln das Donaubecken; ihren Siedlungsplatz am Gellertberg (heute Budapest) nannten sie Ak Ink (reiches Wasser).

1. Jh. n. Chr.
Aquincum (heute Òbuda), Gorsium (Tác) und Valcum (Keszthely) von Römern gegründet.

11 n. Chr.
Zu der von Kaiser Tiberius gegründeten Provinz Pannonia gehört auch der Balaton.

5. Jh.
Die Hunnen unter König Attila und nach ihnen die Awaren fallen über das Land her.

803
Karl der Große zerschlägt das Awarenreich.

Um 900
Árpád führt magyarische Stämme an, die sich aus Asien kommend in Ost- und Mittelungarn ansiedeln und ebenfalls halb Europa mit kriegerischen Streifzügen »überreiten«.

955
Auf dem Lechfeld hält Otto der Große den Reiteransturm der Magyaren auf.

1000
Fürst Géza und sein Sohn István (Stephan) bringen dem Volk der Arparden das Christentum. Seit dem ersten ungarischen König Stephan I. gehören große Teile des Balaton zum königlichen Reich, u. a. wird Kloster Tihany gegründet.

1241
Mongolenheere überfallen auch Ungarn.

1300–1526
Ungarn wird von fremden Herrschern regiert: den Anjous, den Habsburgern und den Jagellonen.

1526–1687
Türkische Besetzung, viele Orte am Balaton werden völlig zerstört.

1687
Das Habsburger Heer schlägt die Türken zurück, das Wiener Herrscherhaus übernimmt die Krone Ungarns.

1703–1711
Unabhängigkeitskrieg unter Fürst Ferenc II. Rákóczi gegen Habsburg; Wiederaufbau zerstörter Kirchen am Balaton im Stil des Barock.

1822
Balatonfüred wird zum ersten Badeziel, ein Badehaus eröffnet; gleichzeitig wird der Ort ein Zentrum der Opposition gegen das Haus Habsburg.

1831
Erstes Theater in ungarischer Sprache in Füred. Nur wenige Jahre später gründet Graf Széchenyi die Balaton-Dampfschifffahrtsgesellschaft, und nach dem Eisenbahnbau (1861) entwickelt sich die Region um das Pannonische Meer zunehmend.

19. Jh.
Die Unabhängigkeitsbestrebungen unter Széchenyi, Kossuth und Sándor Petőfi gipfeln im Aufstand von 1848/49.

1867
Seit dem »Ausgleich« bildet Ungarn die 2. Reichshälfte (Transleithanien) und gehört zur Doppelmonarchie Österreich-Ungarn, die mit dem Ende des Ersten Weltkriegs zerfällt. Von

1867 ab setzt auch eine zweite Glanzzeit des Schlosses Gödöllö (nahe Budapest) ein, als Kaiser Franz Joseph zum König von Ungarn gekrönt wird und Königin Elisabeth, auch »Sisi« genannt, dort 2000 Nächte bis zu ihrem Tod 1898 verbringt.

1881
Die erste Werft entsteht am Balaton, erbaut von dem Engländer R. Young, einem Schiffsbauer.

1900
Von aristokratischen Feudalherren werden mehrere Badeorte am Plattensee gegründet.

1914
Nach den Schüssen von Sarajevo zieht Ungarn innerhalb der Doppelmonarchie an der Seite des Deutschen Reiches in den Krieg.

1918
Die k.u.k. Monarchie bricht zusammen, Rest-Ungarn wird selbstständig und auf sein heutiges Staatsgebiet reduziert: Das bedeutet ca. 70% Gebiets- und 60% Bevölkerungsverluste. Der neue Staat wird eine Republik, vielerort brodelt revanchistisches und kommunistisches Gedankengut.

1919
Mit Béla Kun an der Spitze wird nun (nach dem friedliebenden Károlyi) die »Räterepublik« proklamiert, und schnellstens soll alles verstaatlicht werden. Von Szeged aus ergreift der rechtsextreme Konterrevolutionär Horthy die Macht und verfügt den Erhalt der feudalen Großgrundbesitzstruktur. Damit waren die Tore für Sympathien mit dem italienischen und deutschen Faschismus geöffnet.

1941
Eintritt Ungarns an der Seite Deutschlands in den Zweiten Weltkrieg. 1944 versucht Horthy abzuspringen, aber die Deutschen okkupieren das Land und führen mit ungarischen Faschisten noch bis 1944 einen sinnlosen Kampf, bei dem im Namen des Faschismus zigtausende sinnlose Morde geschehen. 1945 besetzt die Rote Armee das Land.

1949
Ungarn wird unter politischem Druck der Sowjetunion eine Volksrepublik. Rákosis Geheimpolizei installiert ein Terrorsystem.

1956
Volksaufstand in Ungarn für politische Reformen unter Imre Nagy, niedergeschlagen durch sowjetische Panzer. János Kádár übernimmt mit Hilfe der sowjetischen Geheimpolizei die Führung und bleibt bis kurz vor der Öffnung der Grenzen im Amt.

Ab 1960
Der Plattensee entwickelt sich zum begehrtesten Urlaubsziel innerhalb des Ostblocks.

1989
Die Volksrepublik wird durch eine demokratische Republik ersetzt, die Grenzzäune zu Österreich werden abgebaut.

1990
Erste konstituierende Sitzung des ersten frei gewählten Parlaments; zugleich etabliert sich die freie Marktwirtschaft.

1999
Ungarn wird gemeinsam mit Polen und der Tschechischen Republik in die NATO aufgenommen und strebt den Beitritt zur EU an. Die Regierung versucht, 80% der ungarischen Wirtschaft zu privatisieren.

2000
Millenniumsfeiern zur 1000-jährigen Staatsgründung.

Wichtige Wörter und Ausdrücke

ja	*igen [igän]*
nein	*nem [näm]*
bitte	*kérem [kehräm]*
danke	*köszönöm [kössönöm]*
und	*és [ehsch]*
Wie bitte?	*tessék [täschschehk]*
Ich verstehe nicht	*nem értem [näm ehrtäm]*
Entschuldigung	*bocsánat [botschanot]*
Guten Morgen	*jó reggelt [joh räggält]*
Guten Tag	*jó napot [joh nopot]*
Guten Abend	*jó estét [joh äschteht]*
Ich heiße ...	*nevem ... [näväm]*
Wer, was, welcher	*ki, mi, melyik [ki, mi, mäjik]*
Wie viel	*mennyi [mänjnji]*
Wo ist	*hol van [hol won]*
Wann	*mikor [mikor]*
Wie lange	*meddig [mäddig]*
Sprechen Sie Deutsch?	*beszel Ön németül? [bäsel ön nemätül]*
Auf Wiedersehen	*a viszontlátásra [o wisontlataschro]*
morgen	*holnap [holnop]*
Ich möchte ... Euro in ... wechseln	*... Euro ... re akarok váltani [... Euro ... rä okorok wahltoni]*

Zahlen

eins	*egy [ädj]*
zwei	*kettő [kattöh]*
drei	*három [harom]*
vier	*négy [nehdj]*
fünf	*öt [öt]*
sechs	*hat [hot]*
sieben	*het [heht]*
acht	*nyolc [njolz]*
neun	*kilenc [kilänz]*
zehn	*tiz [tis]*
hundert	*száz [sahs]*
tausend	*ezer [äsär]*

Mit und ohne Auto unterwegs

Wie weit ist es nach ...	*milyen messze van ... [mijän mässä won]*
Wie kommt man nach ...	*hogy jutok el ... [hodj jutok äl]*
Wo ist	*hol van [hol won]*
– die nächste Werkstatt	*a legközelebbi műhely [o legkösäläbbi mühhäj]*
– der Bahnhof/ Busbahnhof	*a pályaudvar/buszvégállomas [pajoudwor, buswehgallomasch]*
– die nächste U-Bahn-/Bus-Station	*a legközelebbi metró-/buszmegálló [o lägkösäläbbi mätroh-/ busmägalloh]*
– der Flughafen	*a repülőtér [o räpülöhtehr]*
– die Touristeninformation	*a turistainformáció [o turischtoinformahzioh]*
– die nächste Bank	*a legközelebbi bank [o lägkösäläbbi bonk]*
– die nächste Tankstelle	*a legközelebbi benzinkút [o lägkösäläbbi bänsinkuht]*
Wo finde ich einen Arzt/ eine Apotheke	*hol találok egy orvost/egy gyógyszertárt [hol tolahlok ädj orwoscht/ ädj djohdjsärtahrt]*
Bitte voll tanken!	*kerem teletankolni! [kehräm tälätonkolni]*
Normalbenzin	*normál benzin [normahl bänsin]*
Super	*szuper [supär]*
Diesel	*dízel [disäl]*
rechts/links	*jobbra/balra [jobbro/bolro]*
geradeaus	*előre [älöhrä]*
Ich möchte ein Auto/ Fahrrad mieten	*egy autót/kerékpart bérelnék [ädj outoht/kärehkpahrt behrälnehk]*

Wir hatten einen Unfall	*balesetünk volt [boläschätünk wolt]*
Eine Fahrkarte nach ... bitte	*kérek egy jegyet ... ba [kehrak ödj jädjäd ... bo]*

Hotel

Ich suche ein Hotel	*egy szállodát keresek [ädj sahllodaht kärä-schäk]*
Ich suche ein Zimmer für ... Personen	*egy szobát kere-sek ... személyre [ädj sobaht kärä-schäk ... sämehjrä]*
Haben Sie noch Zimmer frei?	*van még szabad szobájuk? [won meg sobod sobahjuk?]*
– für eine Nacht	*egy éjszakára [ädj ehjsokahro]*
– für zwei Tage	*két napra [keht nopro]*
Ich habe ein Zimmer reserviert	*egy szobát foglaltam [ädj sobat fogloltom]*
Wie viel kostet das Zimmer?	*mibe kerül a szoba? [mibä kärül o sobo]*
– mit Frühstück	*reggelivel [räggäliwal]*
– mit Halbpension	*félpanzióval [fehlponsiöhwol]*
Kann ich das Zimmer sehen?	*megnézhetném a szobát? [mägnäs-hätnehm o sobaht]*
Ich nehme das Zimmer	*kiveszem a szobát [kiwäsäm o sobaht]*
Kann ich mit Kreditkarte zahlen?	*fizethetek bank-kártyával? [fisäthätäk bonk-kahrtjahwol]*
Haben Sie noch Platz für ein Zelt/einen Wohnwagen?	*van még helyük egy sátornak/lakó-kocsinak? [won mehg häjük ädj schahtornok/lokohkotschinok]*

Restaurant

Die Speisekarte bitte	*kérem az étlapot [keräm os ehtlopot]*
Die Rechnung bitte	*kérem a számlát [keräm o sahmlaht]*
Ich hätte gerne einen Kaffee	*kérnék egy kávét [kehrnek ädj kahweht]*
Wo finde ich die Toiletten Damen/Herren?	*hol találom a WC-nök/férfiak [höl tolalom a wehzeht nöhk/vehrviok]*
Frühstück	*reggeli [räggeli]*
Mittagessen	*ebéd [äbehd]*
Abendessen	*vacsora [wotschoro]*

Einkaufen

Wo gibt es ...?	*hol van ...? [hol won]*
Haben Sie?	*van Önöknek? [won önöknäk]*
Wie viel kostet das?	*ez mibe kerül? [es mibä karül]*
Das ist zu teuer	*ez túl drága [äs tühl drahgo]*
Geben Sie mir bitte 100 Gramm/ein Kilo	*adjon kérem 10 deka/1 kiló [odjon kehräm tis däkö/ädj kiloh]*
Danke, das ist alles	*köszönöm ez minden [kösönöm äs mindan]*
Bäckerei	*pékség [pehkschehg]*
Kaufhaus	*áruház [ahruhhas]*
Markt	*piac [pioz]*
Metzgerei	*hentes [häntäsch]*
Haushaltswaren	*háztartási áruk [hahstortahschi ahruk]*
Lebensmittelgeschäft	*élelmiszerüzlet [ehlälmisärüslät]*
Briefmarken für eine Postkarte nach Deutschland/Österreich/in die Schweiz	*bélyeg egy levelezőlapra Németországba/Ausztriába/Svájcba [behjäg ädj läväläsöhlopro Nehmätorsahgbo/Oustriahbo/Schwahjzbo]*

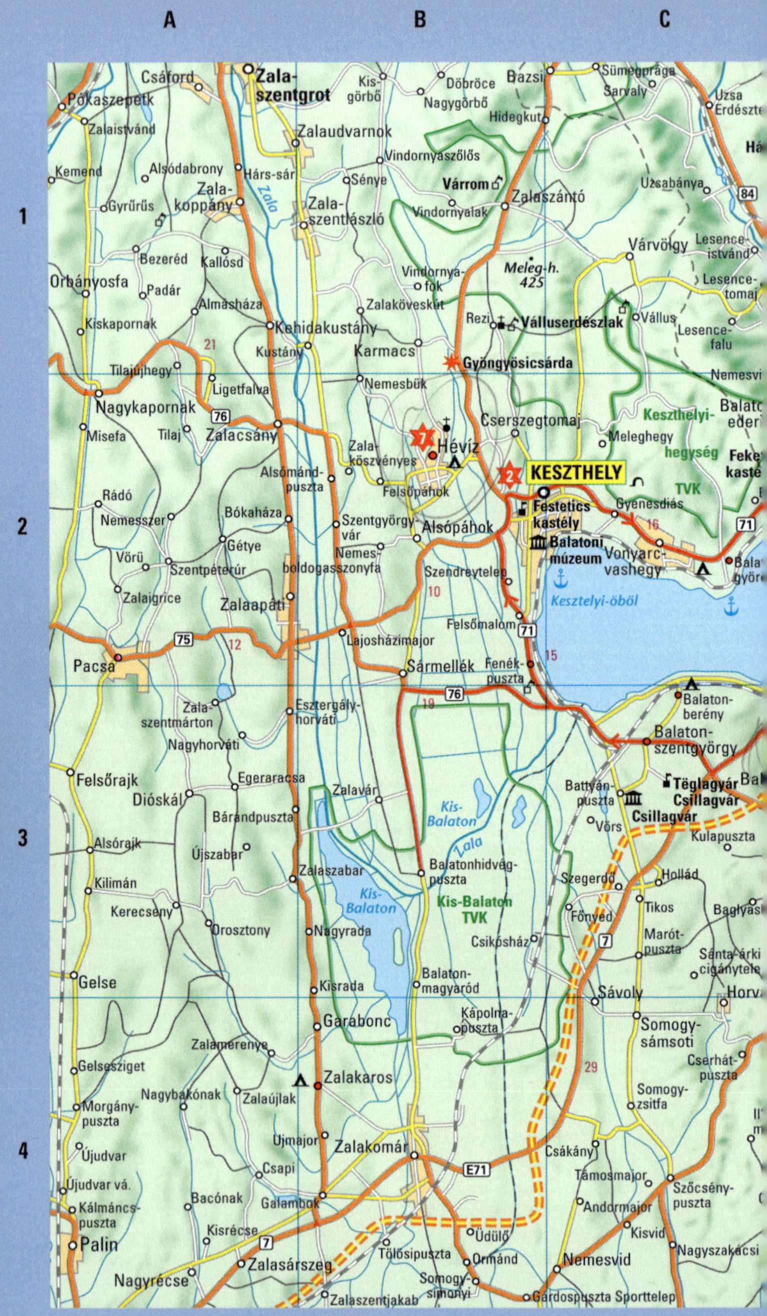
A
B
C
1
2
3
4
Zala-
szentgrot
Csáford
Pókaszepetk
Zalaistvánd
Kis-
görbő
Döbröce
Nagygörbő
Bazsi
Sümegprága
Sarvaly
Uzsa
Érdészte
Hidegkut
Zalaudvarnok
Vindornyaszőlős
Kemend
Alsódabrony
Hárs-sár
Zala-
koppány
Gyűrűs
Zala
Zala-
szentlászló
Sénye
Várrom
Vindornyalak
Zalaszántó
Uzsabánya
84
Várvölgy
Lesence-
istvánd
Bezeréd
Kallósd
Orbányosfa
Padár
Almásháza
Vindornya-
fok
Meleg-h.
425
Lesence-
tomaj
Zalaköveskút
Rezi
Válluserdészlak
Vállus
Lesence-
falu
Kiskapornak
Kehidakustány
Kustány
Karmacs
21
Gyöngyösicsárda
Tilajújhegy
Ligetfalva
Nemesbük
Nemesvi
Nagykapornak
76
Cserszegtomaj
Keszthelyi-
hegység
Balatc
ederi
Misefa
Tilaj
Zalacsány
7
Hévíz
Meleghegy
Zala-
köszvényes
Alsómánd-
puszta
2
KESZTHELY
Fekete
kasté
TVK
Rádó
Felsőpáhok
Festetics
kastély
Gyenesdiás
Bókaháza
Nemesszer
Szentgyörgy-
vár
Alsópáhok
16
71
Gétye
Balatoni
múzeum
Vonyarc-
vashegy
Vörü
Nemes-
boldogasszonyfa
Szentpéterúr
Szendreytelep
Zalaigrice
Zalaapáti
10
Kesztelyi-öböl
75
12
Lajosházimajor
Felsőmalom
71
Pacsa
Sármellék
Fenék-
puszta
15
76
Balaton-
berény
Zala-
szentmárton
Esztergály-
horváti
19
Nagyhorváti
Balaton-
szentgyörgy
Felsőrajk
Egeraracsa
Dióskál
Zalavár
Battyán-
puszta
Téglagyár
Csillagvár
Bárándpuszta
Kis-
Balaton
Vörs
Csillagvár
Alsórajk
Újszabar
Zala
Kulapuszta
Zalaszabar
Balatonhidvég-
puszta
Szegerdő
Hollád
Kilimán
Kis-
Balaton
Kis-Balaton
TVK
Tikos
Kerecsény
Fönyed
Baglyas
Orosztony
Nagyrada
Csikósház
7
Marót-
puszta
Sánta-árki
cigánytele
Gelse
Kisrada
Balaton-
magyaród
Sávoly
Horv
Garabonc
Kápolna-
puszta
Somogy-
sámsoti
Zalamerenye
Cserhát-
puszta
Gelsesziget
29
Zalakaros
Nagybakónak
Zalaújlak
Somogy-
zsitfa
Morgány-
puszta
Újmajor
Zalakomár
Újudvar
Csákány
Csapi
E71
Újudvar vá.
Támosmajor
Szőcsény-
puszta
Kálmáncs-
puszta
Bacónak
Galambok
Andormajor
Kisréce
7
Üdülő
Kisvid
Palin
Tölösipuszta
Ormánd
Nagyszakácsi
Zalasárszeg
Nemesvid
Nagyrécse
Somogy-
simonyi
Zalaszentjakab
Gárdospuszta Sporttelep
A
B
C

D
E
F
Pécsely
Klára-puszta
Malom
Sáska
Haláp 361
Szentkút
Monostorapáti
Bakonyszentjakabi-kolostorrom
Halástó-puszta
Zalahaláp
Hegyesd
Szentjakabfa
Óbudavár
Vászoly
Balatonhenye
Balatoncsicsó
Kisdörgicse
Szentantalfa
Dörgicse
Balatonudvari
Káli-medence
Monoszló
Tagyon
Kiliánte
Tapolca
Diszel
Csobánc
Szentbékkálla
TVK
Zánkafürdő
Balatonakali
Sebron
Csobánc
Mindszentkálla
Köveskál
Zánka
Gyulakeszi
Raposka
Paptelep
Kaptalantóti
Kékkút
Kővágóörs
Balatonszepezd
Nemesgulács
Salföld
Kisörspuszta
Hegymagas
Rizapuszta
Pálköve
Révfülöp
118
Badacsonyi
Ciframajor
Badacsonytördemic
Ábrahámhegy
Balatonszemes
Bor múzeum
Badacsonytomaj
TVK
Szigliget
Badacsony
Csillagpuszta
Balatonboglár
Balatonlelle
Balaton
Rádpuszta
Kokashegy
Arács
Látrány
Nagycs
Fonyód
Ordacsehi
Szőlőskislak
Öreghegy
Landord
Visz
Alsó vár
Balatonfenyves
7
Feketebézseny
Jankovich kastély
Balatonmáriafürdő
Szőlősgyörök
Pusztaszentgyörgy
Somogytúr
Tetves-p.
Pusztaberény
67
Festetics kastély
Csisztagyógyfürdő
Gyugy
Tardpuszta
Imremajor
Csisztapuszta
Lengyeltóti
Béndekpuszta
Somogybabod
Pálmajor
Hunyadi kastély
Kundpuszta
Hács
Hátihegy
Buzsák
Kisberény
Mihálytelep
Somogyszentpál
Sáripuszta
Nagybereki Fehérvíz TVT
Vidámháza
Gajcspuszta
Táska
Kisperjés
Vityapuszta
Gamás
Öreglak
Felsőkölked
Széchenyi kastély
Boronka
Takácshegy
Somogyvári Történelmi Emlékhely
Gyuládtelep
Nikla
Somogyvár
Gillapuszta
Csőmend
Hódoshát
Halászház
Somogyvámos
68
Rondavár
Pamuk
Polány
Puszta-kovácsi
Bize
Gyótapuszta
Vitéztelek
Kraja
Libickozma
Edde
Kürtöspuszta
Somogygeszti
Kelevíz
Hosszúvíz
Osztopán
Vágottnyíres
Alsóbogát
Tölös
Cserfekvés
Somogyfajsz
Cserrész
Felsőkakpuszta
Alsóbö
Újsörnyepuszta
Somogyjád
1
2
3
4
0
7km
© MERIAN-Kartographie

A
B
C
5
6
7
8
VESZPRÉM
Gyulafirátót
Hajmáskér
Öskü
Kerektemplom
Pétfürdő
Kádárta
Sóly
Márkó
Bánd
Herend
Peremarton-Gyártelep
Berhida
Királyszentistván
Vilonya
Litér
Balatonfűzfő
Papkeszi
Sári-puszta
Vámosi csárda
Római Romok
Nemesvámos
Szentkirályszabadja
Balácapuszta
Veszprémfajsz
Hosszúmező puszta
Balaton-kenese
Szabadság-telep
Kövesgyürpuszta
Balaton-almádi
Balaton-akarattya
Balaton-felvidéki N. P.
Felsőörs
Lovas
Paloznak
Alsóörs
Hidegkút
Balaton-aliga
Cservölgy-major
Koloska-Tal
Csopak
Lóczy
Balaton-világos
Pécsely
Balaton szőlős
Balatonfüred
Balaton
Klára-puszta
Balatonszabadi-Sóstó
Aszófő
Malom
Aranypart
Siófok
Pusztató
Balaton-udvari
Örvényes
Sajkod
Tihany
Balatonújhely
Kiliántelep
Balatonszéplak
Balaton-szabadi
Szántódi-rév
Zamárdi
Balatonkiliti
Siójut
Csipkeház
Szántód-Fürdőtelep
Törekipuszta
Szántódpuszta
Ádánd
Balatonföldvár
Góti templo
Kőröshegy
Balaton-endréd
Triciana rom
Ságvár
Balaton-szárszó
Tótokilap
Almahegy
Balatonőszöd
Gyugypuszta
Jabapuszta
Nyim
Som
Kereki
Lulla
Szólád
Bálványos
Kásipuszta
Teleki
Ecseny
Pusztaszemes
Sérsek-szőlős
Torvaj
Kötcse
Nagycsepely
Pócapuszta
Bótapuszta
Nagybábony
Bábony-megyer
Zala
Zichy kastély
Tab
Tekeres-puszta
Kapoly-puszta
Kapoly
Veszprémi-Séd
Séd
82
72
73
71
M7
E71
7
65
117

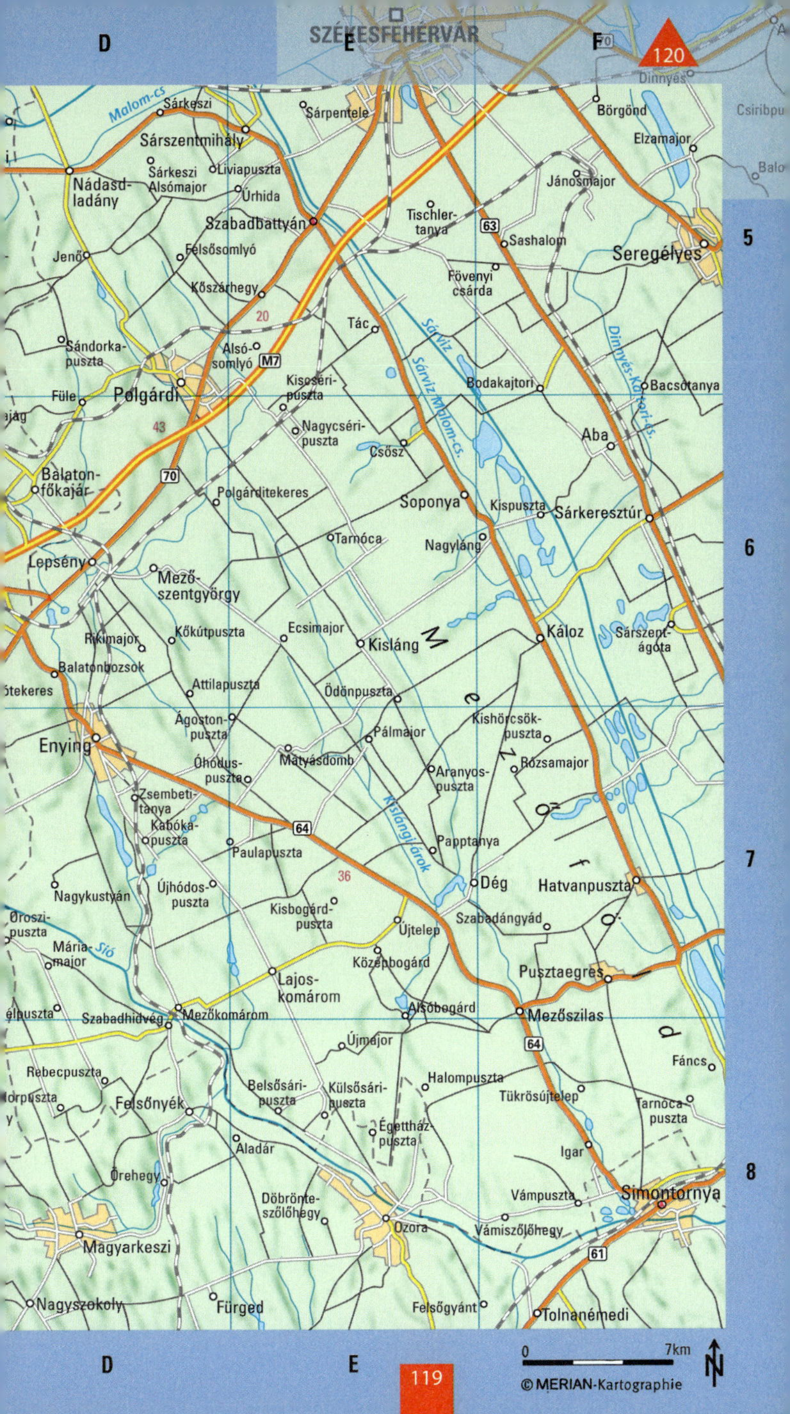

SZÉKESFEHÉRVÁR
D
E
F
120
Dinnyés
Csiribpu
Balo
Malom-cs.
Sárkeszi
Sárpentele
Sárszentmihály
Börgönd
Elzamajor
Nádasd-
ladány
Sárkeszi
Alsómajor
Liviapuszta
Úrhida
Jánosmajor
Szabadbattyán
Tischler-
tanya
63
Sashalom
Seregélyes
5
Jenő
Felsősomlyó
Fövenyi
csárda
Kőszárhegy
20
Tác
Sárvíz
Dinnyés-Kajtori-cs.
Sándorka-
puszta
Alsó-
somlyó
M7
Kisceséri-
puszta
Sárvíz-Malom-cs.
Bodakajtori
Bacsótanya
Füle
Polgárdi
Nagycséri-
puszta
43
Csősz
Aba
Balaton-
főkajár
70
Polgárditekeres
Soponya
Kispuszta
Sárkeresztúr
Tarnóca
Nagyláng
6
Lepsény
Mező-
szentgyörgy
Rikimajor
Kőkútpuszta
Ecsimajor
Kisláng
Káloz
Sárszent-
ágota
Balatonbozsok
Attilapuszta
Ödönpuszta
Enying
Ágoston-
puszta
Kishörcsök-
puszta
Pálmajor
Óhodus-
puszta
Mátyásdomb
Aranyos-
puszta
Rózsamajor
Zsembeti-
tanya
Kabóka-
puszta
64
Papptanya
Kislángi-árok
Paulapuszta
36
Nagykustyán
Újhódos-
puszta
Dég
Hatvanpuszta
7
Oroszi-
puszta
Kisbogárd-
puszta
Szabadángyád
Újtelep
Mária-
major
Sió
Közepbogárd
Lajos-
komárom
Pusztaegres
Mező
földi
Szabadhidvég
Mezőkomárom
Alsóbogárd
Mezőszilas
Újmajor
64
Fáncs
Rebecpuszta
Halompuszta
Felsőnyék
Belsősári-
puszta
Külsősári-
puszta
Tükrösújtelep
Tarnóca-
puszta
Égettház-
puszta
Aladár
Igar
Őrehegy
8
Vámpuszta
Simontornya
Döbrönte-
szőlőhegy
Magyarkeszi
Ozora
Vámiszőlőhegy
61
Nagyszokoly
Fürged
Felsőgyánt
Tolnanémedi
D
E
0
7km
N
© MERIAN-Kartographie

A B C

9 10 11 12

A B C

D E F

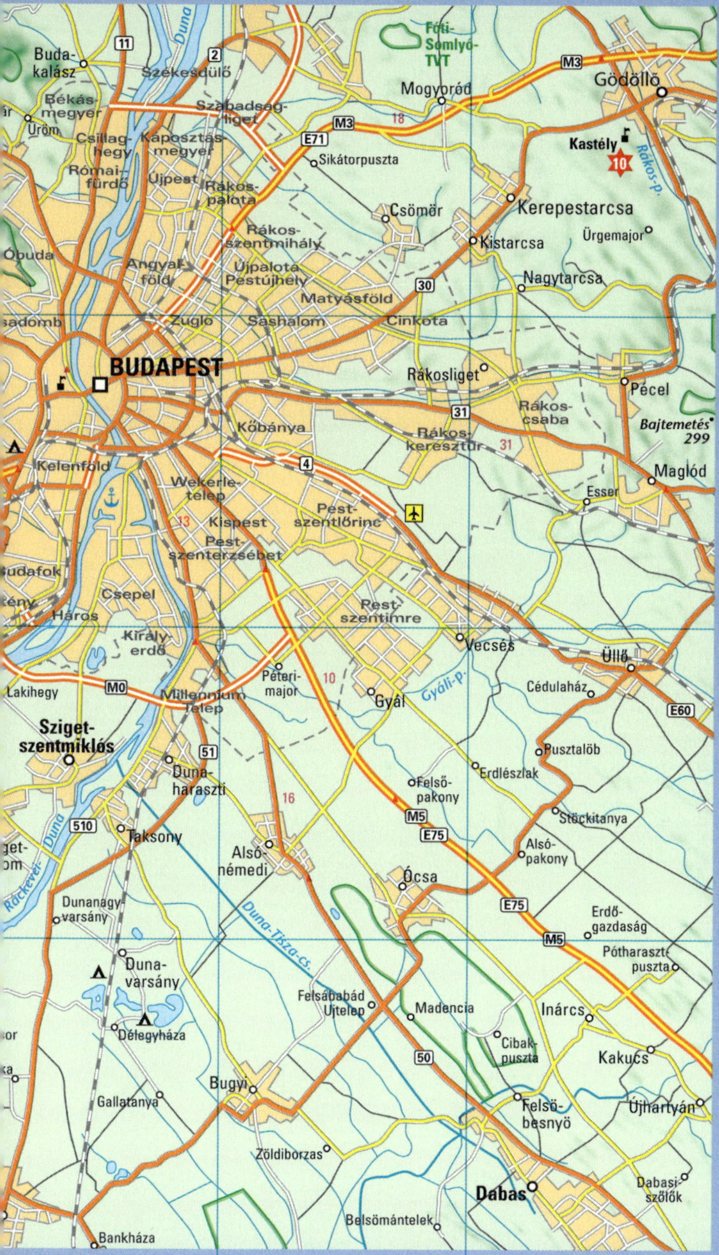

9
10
11
12

D E

0 7km

© MERIAN-Kartographie

KARTENREGISTER

Orts- und Sachregister

Hier finden Sie alphabetisch aufgeführt alle in diesem Band beschriebenen Orte und Ziele, Routen und Touren. Bei einzelnen Sehenswürdigkeiten steht jeweils der dazugehörige Ort in Klammern, bei Hotels steht zusätzlich die Abkürzung H für Hotel. Außerdem enthält das Register wichtige Stichworte sowie alle MERIAN-Tipps und Extras dieses Reiseführers. Wird ein Begriff mehrfach aufgeführt, so verweist die **fett gedruckte** Zahl auf die Hauptnennung.